新時代のアマテラス

愛子天皇の未来へ

森 由里子
Mori Yuriko

ナチュラルスピリット

＜帯・写真＞
成年行事でローブデコルテと勲章、ティアラをおつけになったお美しく気品ある皇女、愛子さま。ティアラは、コロナ禍で影響を受けている国民の生活を想い新調を見送り、黒田清子さんのティアラをお借りになった。そのお心遣いはどんなティアラよりも輝いている。（代表撮影／ロイター／アフロ）

お喜びのなかにいらっしゃる天皇皇后両陛下（当時の皇太子ご夫妻）、そしてご誕生されたばかりの愛子さま。雅子さまの腕の中の小さな愛子さまを見て、美内すずえさんが「眩しい光を放っていて驚いた」と語っていた時のお写真。（代表撮影／ＡＰ／アフロ）

2017年3月、学習院女子中等科の卒業式の日の両陛下と愛子さま。セーラー服がよくお似合いの可愛らしい愛子さまは、大変ご優秀でお人柄も素晴らしいと学内で評判。
（朝日新聞社／ゲッティ イメージズ）

2019年、那須の御用邸の敷地内で散策する両陛下と愛子さまと愛犬、由莉。天皇陛下ご一家のお写真には、保護犬や保護猫だった犬や猫が伴侶動物としてしばしば登場しており、両陛下と愛子さまの小さな命への慈しみのお気持ちが伝わってくる。　（朝日新聞社／ゲッティ イメージズ）

令和5年、皇居での一般参賀にて。天皇皇后両陛下と、微笑みながら手を振られる初めてご出席の初々しい愛子さま。
（代表撮影／ロイター／アフロ）

新時代のアマテラス

——愛子天皇の未来へ——

森 由里子

はじめに

本書は、愛子さま（敬宮（としのみや）愛子内親王）に一日も早い立太子を、との願いを込めて書いた本である。しかし、音楽業界にいる私が、なぜあえて皆さまにこのことをお伝えしなくてはならないと考えたか。動機は決してイデオロギーからではない。また世論の影響によるものでもない。

それは愛子さまがご誕生になるだいぶ前、27年前から私自身が体験した、一連の不思議な出来事の意味をやっと認識したことから始まる。

２０２０年から始まったコロナ禍でステイホームが続いていた頃のこと。昔の記録ノートなどを捨てようと整理していたところ、不思議な体験をした時のメモがいろいろ見つかったのだ。

その中で、１９９６年から今日までの間に自分の身に起こった出来事のメモを見ているうちに、ふと一見無関係に起こったような出来事が実はすべて結びついており、一つの結論に導かれていたのではないかと気がつき驚いた。

その結論とは、私個人とはまったく関わりのないことだが、なんと天皇家のご長子、敬宮愛子内親王に立太子していただき、次世代には天皇に即位していただきたいという答えであった。

なぜなら、敬宮愛子内親王の立太子こそが、日本の希望になり、明るい未来へと繋がっていくのではないかとの思いからに他ならない。

現在の日本は、コロナ禍による分断が起きているように見える。また現代では想定していなかった元首相が凶弾に斃（たお）れるという衝撃的で痛ましい事件が起きた。しかもその原因はカルト宗教団体にあるというのである。

さらに世界に目を向ければ、ロシアのウクライナ侵攻によって悲惨な戦争が続いている。

そこには、人間の誤った欲望、つまり己の主義主張のためには他人の命や他国はどうなってもいいと考える狂ったエゴイズムにこそ、本質的な原因があると感じているのは私だけではないはずだ。

一体、時代はどこへ向かっているのだろうか。また、日本人である私たちは何を目指してどこへ向かえば良いのだろうか。

私は今こそ私たちが、「分断」から「繋がり」へ、そして「エゴ」から「利他」

「共生」へと大きく方向転換を促されている時と捉え、急ぎ意識を変えていくことが必要ではないかと考えている。

自然や動植物、そして人と人の関係、また宇宙や、見えない神々の世界との接し方など、あらゆる面において私たちの意識を改革し、目には見えない深い繋がりを取り戻すことによってしか、一人ひとりの幸せと社会全体の平和がもたらされることはないと考えるからである。

そんな中で我が国においてこれからの時代に必要とされているのは、アマテラスのように慈しみと優しさを持った女性——平和を希求する女性の力、精神的なリーダーではないだろうか。

そして現在の天皇家には、ご長子であるご聡明な皇女、愛子さまがいらっしゃるという現実。私にはこれが偶然であるとは到底思えないのである。

それゆえこの本では、私が体験したいくつもの不思議な現象、出来事の連鎖に導かれた、敬宮愛子殿下の立太子への期待と願いが述べられている。

今、私たち一人ひとりの平和に対する真摯な思いと、慈愛に満ちた次世代の天皇——女性皇太子を望む声が高まれば、やがてそれが大きな渦となって進化を促す原動力となるに違いない。

そんな思いから、急遽、この本を出版する運びとなった。

幸いにも、漫画家の美内すずえ先生も本書の主旨にご賛同くださり、超ご多忙の中、貴重な時間を割いて、対談という形でご協力くださった。

人類が進化の方向に進めるか否かが問われている今、本書の内容が、少しでも読者の皆さまの心に希望の光を灯すことができれば、これに優る歓びはない。

筆者

目次

第1章 不思議な体験の連鎖

私の体験と導かれた結論

これまでの人生で、私はさまざまな不思議な体験をしながら生きてきたと思う。中でも、ヒプノセラピー（退行催眠）を受けたことにより、太古、宇宙から地球にやって来た過去生がよみがえり、サーキュラーという高次元存在が現れたのをきっかけに、宇宙語を使った音楽を制作することになったこと。

また、その宇宙存在サーキュラーに導かれるようにして、自然発生的に「ＳＥＩＲＯＳ（セイリオス）」という音楽ユニットを作ることになり、ＣＤ制作やリリース、ライブ開催を続けていることは、私の音楽作家人生の中でも大きな意味を持っている。

「セイリオス」とは、サーキュラーの語る言語を採り入れ、地球の平和や愛、宇宙への意識拡大などをテーマに、作詞家、作曲家、ヒプノセラピストが中心となり、音楽活動を続けている宇宙的、幻想的な音楽集団である。

このことにまつわる経緯や内容に関しては、他の本『シリウス存在【サーキュラー】からのコンタクト―龍・鳳凰・アセンション』（森由里子・小笠原英晃、ヒカルランド）で詳しく紹介されているため、ここでは割愛させていただく。

本書では、「愛子天皇の未来へ」という答えに到達せざるをえなかった私の体験を具体的にお伝えし、それによって導かれた結論を読者の皆さまに知っていただければと思う。

私は幼い頃からときおり、あるはずのないものを見たり、その声を聞いたりすることがあった。例えば、雨の日に住宅街を歩いていた時、突き当たりの電話ボックスで黒いレインコートを着た男性が電話をかけているのをはっきり見ながら歩いていたのに、次の瞬間に消えていたというような、「変なこと」がよくあった。

また中学生の時、修学旅行で訪れた福島県会津若松市で、クラスメートが寝静まった旅館の部屋で眠れずにいると、白虎隊の少年たちが立っていたのを見たこともあった。日中に白虎隊に関する展示を見ていたためすぐに分かったのだが、その姿を見てもなぜか怖いとは思わず、ただかわいそうだと思った感情を今も鮮明に覚えている。

そんな体験が幼い頃にはしばしばあったものの、大人になるにつれそういった出来事は少なくなっていき、そのうちにまったく意識しなくなった。

再び不思議なことを顕著に体験し始めたのは、私の母が１９９３年に肝臓ガンで亡くなった頃からだった。

母の症状が重くなってから、私は実家で仕事をしながら母を看ていた。亡くなる少し前、再入院した母は、私の手をギュッと握って「成功するようにね」と言ってくれ、それから間もなくして天国に旅立っていった。

葬儀後、四十九日までの間、母を喪った悲しみと同時に、自分の一身上のことで心配をかけた心苦しさを持ちながら毎夜、祭壇に手を合わせていた。

するとある日、ふと母の遺影の顔が微妙に動いて、次々と違う顔に変わっていくのを目撃したのである。じっと見ているうちに男性の顔になったり、外国人のような顔になっていたり、生前の母とは違う女性の顔に変化していったりする遺影を驚きながらも見続けているうちに、

「これは、もしかしたら母のさまざまな過去生の顔なのではないか？」

と思い至り、「人は何度も生まれ変わるのよ」と母が教えてくれているのではないかと腑に落ちた気がしたものだった。

その後も、私が化粧をしようとして鏡を見たら、私の顔の後ろに母がいたので驚いて、「あっ！」と思ったその瞬間、消えてしまったり、私が車を運転している時、交差点で横から飛ばしてくる車に気づかず通り過ぎようとした瞬間、急に母の声で「止まれ！」と注意を促されるなど、明らかに母が私に働きかけていることが分かった。

現実主義者の私の兄も、葬儀後、自宅に帰り祭壇で手を合わせていると、生前に母の飲んでいた健康食品の匂いがして、「母の気配と音がした」と驚いていたことがあった。

さらに母の従姉妹は、「他界したその日の朝、（母が）夢枕に立ち、にっこり笑っていた」と語っていた。

その後はそのような体験はなくなっていったが、つい最近、久々に私が眠りにつく瞬間、母が夢枕に立って急を要することで一言、メッセージをくれたことがあった。プライベートなことなので内容は控えるが、向こうの世界からの連絡は、他界してから時間が経っている場合、緊急の場合に限るのではないかと今の私は感じている。

そのように、母が亡くなってから、私は見えない世界との繋がりをはっきりと実感するようになった。

その後も、身内や親しい人が亡くなって間もない時などは、その人が生前と同じようにありありと私の頭の中に話しかけてきたことも一度や二度ではない。

また、皆さんの中にも同様の方がいるかもしれないが、私は、見知らぬ人の顔を見た途端、その人がどういう人か、その人が嘘をついていることなどが、瞬時に分かってしまうことがよくある。

しかしそれも、相手と親しくなったり、何度も繰り返し顔を見たり、お喋りなどして相手に感情移入してしまうと分からなくなる。私は感情移入が激しいエンパス気質（注：共感、感情移入しやすい）のため、そうなったらもう皆目、分からない。そのためＴＶやネット動画などで初めて見る知らない人の方が鮮明に分かる。

「この人は何か変だ」

と違和感を持っていると、数年後、その人が事件を起こしたり、驚くようなスキャンダルが出たりして、私の感覚は正しかったのだと確認できるのだが、友人の交際相手についても同様で、友人から写真や動画を見せてもらったり、相手の顔を見た途端、パッと「この人と付き合うのはやめた方がいい」と感じてしまうことが多々あった。

後輩や親しい友人ならともかく、それほど親しくない人や目上の方にそのようなことを迂闊（うかつ）には言えない。

しかし、あとから、相手が問題のある男性であったり、女性の方がひどい目に遭ったり、男性には他に同時に付き合っている女性がいたことが明らかになって、「ああ、やっぱり」と思うのである。

それと同様に、私は物事についても、何が真実で何が嘘かということにも直感が働く方だと思う。

精神世界からは一定の距離を置いたが…

母の死をきっかけに、再び見えない世界と繋がる経験をたびたび重ねるようになり、その結果、私は精神世界と呼ばれる分野にも関心を抱くようになった。

それまでの体験により、この世は目に見える現実の世界だけではないこと、人が亡くなった後も魂が生きていることを肌で感じ、人は他界した後どこへ行くのか、そもそも人はどこから来てどこへ行くのか、この世界はどういう仕組みなのか？　などの疑問を抱き、少しでも解き明かしたいと考えたからである。またいわゆる悟りとは？　覚醒とは？　自己超越とは？　などという関心もあった。

目に見えないものに心惹かれ、神社仏閣や聖地を訪れたり、奈良県奥吉野の天河（てんかわ）神社に頻繁に行っては滞在した。また、自分の幼少時からの体験から宇宙やＵＦＯにも興味を持って、時にはワークショップに参加したり、国内外のいわゆるスピリチュアルリーダーの個人セッションを受けたこともあった。

当時、１９９０年代〜２０００年代の精神世界はかなり実践的で理論的だったこともあり、刺激的で面白かった。特に量子力学などは私の頭では理解できない部分も多かったが、大いに好奇心を駆り立てられた。ヒーリングテクニックや本場の気功を学んだりもした。

メディテーション（瞑想）をしていた時、宇宙の中心に浮かび上がり時間が消える感覚を味わったり、自宅にいる時に突然、自分がここに存在しているという奇跡や大自然やすべての命に感謝し、至福の瞬間を感じる至高体験をしたことも忘れられない。そういった感覚は永遠に続くことではないが、その体験は今に生きていると思う。

しかしその後、だんだんとそういった場から一定の距離を置くようになっていった。そして気がつくと、現在の私は見えない世界や宇宙に深い関心のあるリアリストとでもいうような、微妙なスタンスでいる。

それにはさまざまな理由があるが、ひとつには当時、スピリチュアルリーダーと呼ばれる人の中に、「信用できない」と感じた人と複数出会ったことだった。

お金のために検証できないことだけを述べていると分かった人もいたし、承認欲求が強く己を特別な存在だと思っている人、思い込みの激しさで夢のような話や妙な情報を語る人もいた。

最も多かったのは、書物や先人たちの影響を受けて出まかせを語っているうちにその気になってしまっている人で、その人の目を真っ直ぐに見つめると私にはそれがすぐに分かった。

しかし、そういった超能力者、研究者、チャネラー、スピリチュアルリーダーと呼ばれる方の中に、真の能力者や誠実な方もいた。会った瞬間、この人は本物だと感じたこともちろんあった。

ただ年を経た今考えてみると、このような分野にこそ怪しい人がいるのはある意味当然で、その中に希少ながら本物も存在するということなのである。

しかし、若かった私は少しでも詐欺めいた匂いを感じると許せなかった。中にはサイキックとはいえ未熟な人もいたのかもしれないが、私は「それなりの料金を設定しているならばプロとして、検証できることや確実な真理を語る本物でなくては」と考えていた。

私の直感力と五十歩百歩の力では認められなかったのである。

だが、そんな自分の思いを第三者に語ることも憚（はばか）られた。スピリチュアルな人は信じやすく、聞く耳を持たない人が多かったからだが、中にはただ夢のような話を単に楽しんでいるだけの人もいたのかもしれない、と今は思う。

いずれにしろ、当時の私は「まぁ、別にいっかぁ～」などと鷹揚に構えることができず、疑り深く物事を追求するタイプで、それでいて目に見えない世界に興味があるという厄介なタチだったのだ。

その後、東日本大震災の後、スピリチュアル業界で働く知人から、ワークショップなどで来日予定だった海外のスピリチュアルリーダーたちが「原発事故を恐れて、次々に来日をキャンセルしている」と聞いた。

それは一般人としてなら至極当然の判断ではあっただろう。しかし私は「もし超能力者やヒーラーを名乗るほどの力を持っているのなら、なぜこういう時にこそ日本に来てその特別な力を発揮しないのか？」と疑問を持った。

一方で、世界的アーティスト、世界的ミュージシャンであるジェーン・バーキンさんやシンディ・ローパーさんたちは日本人を応援するために危険を顧みず、しかもチャリティで駆けつけてくれステージに立ってくれていた。

もちろんスピリチュアルリーダーの来日キャンセルが全員であったかどうかは分からないが、人としてどちらが立派かは誰にも分かることであり、当時の私が幻滅を感じたことは理解していただけると思う。

とはいえ、何度も繰り返すようであるが、真摯で正直なチャネラーや超能力者がいることも私は知っているし、多くの人が実は自分自身で直感力を磨けば、そういった力を身につけることができるとも思っている。

それゆえ精神世界に興味を持つのは良いことだと思うが、ゆめゆめ反社会的な宗教団体になど引っかからないようにしていただければと願う。少なくともまともな人やまともな団体であれば、法外なお金を出させるようなことはしない。それだけは確かである。

あれから年月が経った今、私の精神世界的な行動は主に二つ。たまにではあるがセイリオスの音楽制作のために前述した宇宙存在サーキュラーとの対話と催眠セッションを行なうこと、そして神社に参拝に行った時やメディテーションの後で平和を祈ることである。

サーキュラーは私たちに、サーキュラーに（もちろん他の存在にも）依存しないようにと常に語っているし、自分の問題の答えは外側ではなく自分の中にあると伝えてくれているため、私にもその感覚が自分の中に少しずつ根付いたのかもしれない。

また、「悟り」「自己超越」「覚醒」については、それらは自我意識が薄れることであり、聖者イエス・キリストやブッダのような存在になることであると私は感じた。そのためそのような覚醒した方が今もし存在しているとすれば、人に知られることなくどこかでひっそりとエゴを捨てて生きているであろうと思った。

それゆえ私のような凡夫はそういった大それたことを目指すより、弱い自分だからこそ理解できる人の弱さや寂しさに寄り添い、少しでも人を励ますような歌詞を書いて、音楽を作って、「真の喜び」のために、まずは地に足をつけて正直に生きることから始めようと思った。

そして、仕事中心の日々を長年送ってきた。しかし近年、コロナ禍になり、家族以外の人とは会うこともできず、外出もままならなくなったせいで昔の記録を整理することになり、過去の一連の神秘体験について改めて思い出し、考え直すことができたのだ。

その結果、得た答えこそが天皇家の問題だったのである。

ただ、このことを発表することに迷いがなかったと言えば嘘になる。このようなテーマの本を世に出すことが音楽作家としてプラスになるとは思えず、むしろこの結論に反対する人がいるであろう本を世に出すよりも、本業である作詞や音楽活動に専念している方がいいのではないかという葛藤もあった。

しかしそれにも関わらず、見えない世界から、「このことを発表しなさい」と、背中を押されるような出来事やシンクロニシティが続けざまに起こってきた。

そのうち私自身も、もしかしたら今だからこそ、この体験を理解してくれる方もいるかもしれない、いや、今お伝えしなければならないと考えるに至った。

そんな結論に導かれたさまざまな不思議体験について、これから順を追って述べていきたい。

漫画家の美内すずえさんとの出会い

最初は、母が亡くなってから2年後の１９９５年、漫画家の美内すずえ先生と初めて仕事でご一緒させていただくことになった時の出来事であった。

美内すずえ先生は、言わずと知れた『ガラスの仮面』などで知られる漫画界の大御所だが、現在はお友だちとして交流しているので、ここからは美内さんと書かせていただく。

美内さんは深い霊的な感性をお持ちの方で、１９８７年に角川書店から『アマテラス』というコミックスを出されている。このシリーズは、美内さんのファンはもちろん、精神世界系の人たちの間でも当時から大変話題になっていた。

原作の内容は、古代ムー帝国時代の神族で女戦士クシュリナーダ（日本神話では櫛名田比売（くしなだひめ））の生まれ変わりの少女、千倉沙耶が地球の平和のために魔の勢力と戦うスケール感のあるストーリーである。

ムー大陸や日本神話をベースにした宇宙規模の壮大なこの原作に、私はぐんぐん引き込まれてしまい、一気に読んでしまった。

美内さんがこの初版本（第1巻）を出されたのは今から35年も前、私が読んだのはそれから数年後だったと思うが、私はこの『アマテラス』シリーズに感動し、内容に霊的、予言的なエッセンスも感じたことから、「ぜひこの作品の世界観を音楽で表現したい」と考えるようになった。

そして漫画が発売されてから8年後の1995年、企画書を書き、当時の所属事務所のマネージャーを通じて出版社に企画書を提出した。

つまりただの一ファンであった私が、「『アマテラス』のイメージアルバムを作らせていただきたい」と美内さんにプレゼンしたわけである。

すると、企画書を見た美内さんは、「直接、会いましょう」と言ってくださった。吉祥寺のホテルでお会いした美内さんは気さくで優しく、巨匠なのに決して偉ぶらない方だった。そして、企画書を前にして話が弾み、CD化を快く承諾してくださったのである。

それまで他社からオファーがあっても首を縦に振らなかったという美内さんが、こちらからのオファーをすぐに快諾してくださったことに私は感激し、光栄に思ったことを今でもよく覚えている。

　しかし、アルバムプロデュースといっても、私はそれほどのキャリアを積んでいたわけではなく、企画アルバムを他の方と共同で一枚作ったことがあっただけで、本格的なアルバムプロデュースなど初めてのことだった。

　何から何まで未経験のことではあったが、監修してくださった美内さんのお力添えと、協力してくれたスタッフの方々のおかげで、ポニーキャニオン系のレコード会社、メディアレモラス（当時）からのメジャーリリースが決まった。

　最終的には、そのレコードメーカーに在籍していた大川正義さん（宮崎駿監督のスタジオジブリ作品の音楽プロデュースなどを多く手がけたプロデューサー）が、この少し変わった企画をＯＫしてくれたから叶ったことだった。

　そして当時私と同じ事務所に所属し、企

２度目にリリースした『スピリチュアルソングブック アマテラス』
（原作：美内すずえ／発売：バンダイ・ミュージックエンタテインメント）

画に賛同してくれた才能ある作曲家さんたちに曲をオファーし、クォリティ高い楽曲が仕上がり、実力あるシンガーやミュージシャンのパフォーマンスによって『スピリチュアルソングブック アマテラス』が完成。無事リリースすることができた。

岩戸開きご神事の奇跡

当時、この『アマテラス』の制作で私がこだわったことの一つに、聖地として知られる奈良県奥吉野の「天河大辨財天社」（通称：天河神社）の水の音や風の音、それに祝詞や、場のエネルギー、空気感、岩戸開きの「気」をCDに入れたいということだった。

そこで、天河神社へ美内さんやサウンドディレクターの方とともに録音へ向かうことになった。天河神社は、日本の三大霊場である高野、吉野、熊野を結んだ三角形の中心に位置し、とりわけ深山幽谷の中に佇んでいる奥社はUFOの離着基地ではないかとも噂されている有名なパワースポットである。

天河神社には、芸能の神様である弁財天（市杵島姫命）をお祀りされていることもあって、私も美内さんも個別に何度も訪れていたが、私にとっての最初の奇跡体験はまさにその天河神社で「岩戸開き」を祈る御神事の時に起きた。

京都駅から近鉄に乗り換えて着いた下市口の駅から、その頃はまだあまり整備されていなかった道を小一時間タクシーに揺られ、到着した天川村の民宿。そこで美内さんとおしゃべりをしていた初日のことだ。

天河大辨財天社

何気なく、「私、たいてい夜中に仕事しているんですけど、ふと気づいて時計を見るといつも3時33分なんですよ」とお話をしたところ、美内さんから「森さん、それは宇宙と繋がる時間よ」との言葉が……。

「やっぱり！　そうですよね〜」

そんな会話と夕食の後、私たちは柿坂神酒之祐宮司（現在は名誉宮司）の祝詞の声を録音させていただくために、深夜、神社に向かった。

そして、いざ収録しようとし始めた時のことだ。

「大変だぁ！」というサウンドディレクターの

I氏の声が響いた。

「どうしたんですか？」

聞くと、なんと機材がまったく動かなくなったというではないか。

「ええーっ?!」

まさかここまで来て録音できなかったらどうしようと焦ったのは言うまでもなく、困った顔でI氏を見たものの、彼は「全部チェックして来たから、そんなはずないんだよね」と首をひねりながら、何度も何度も機材を動かそうとトライしている。

しかし、いっこうに録音機材が動く様子はない。私は頭の中が真っ白になった。すると、あわてている私たちを見た柿坂宮司が、「まあ、こちらに来て、少しゆっくりしてお茶でも飲んでいればいいですよ」と言ってくださった。

私たちは促されるままに神社の裏の応接室で宮司さんからさまざまなお話を伺っては、おしゃべりに花を咲かせていた。

その時、私の心の中では「どうしよう、もし、ここで録音できなかったら……」という焦りとともに、どこかで「いや、きっとなんとかなる」という思いとが交錯していた。

しかし、時間は、1時間、2時間……と、どんどん過ぎていくばかり。

すると突然、「動いたよ！」というＩ氏の声が！　やっと機材が動き始めたというのだ。結局、何が原因だったかは分からないまま、とりあえず「あぁ良かった！」と全員がホッと胸をなでおろし、これでやっと祝詞の声を録音できると、みんなでご神前に向かった。

漆黒の闇の中、ピンと張り詰めたような静寂の中、厳粛な気持ちでご神前にこうべを垂れる私たち。

いよいよご神事が始まった。太鼓を叩き、柿坂宮司がよく通る声で祝詞を奏上する前に一言、こう発したのだ。

「平成八年〜月〜日、３時33分……」

「え、え?!」

その瞬間、私の鼓動が一気に高まり始めた。なぜか時計を見ていなかったが、いつの間にかご神事の開始時刻はさっき民宿で美内さんと話題にしていた真夜中の３時33分ジャスト、その時間になっていたからである……。

シンクロニシティ？　いや、それにしてもあまりにもすごい合致ではないか。美内さんのほうをチラッと見ると、目と目が合い、以心伝心。

そして、柿坂宮司の厳かな声で、朗々と祝詞奏上は始まった。ひんやりとした神秘的な空気の中、心は静まり、私たちは祝詞に耳を澄ましていた。

そんなご神事の中盤でのこと。さらに驚くような出来事が起こったのである。

祝詞の奏上が終わったあと、普段は入れないご神前の奥へと柿坂宮司が私たちを招き入れてくださり、そこで美内さんが天河神社の御神体である特別な鈴、五十鈴を手にして振っていた時……。

ふと気づくと、驚くことに今度は、何もない闇夜の空中から金粉がパラパラと降ってきているではないか。美内さんの髪にも、私の手にも降り注いでいる。私は言葉を失った。

奇跡が起こっていると思わざるをえない瞬間だった。

私は驚きとともに、「神様が祝福してくださっている」と感じ、感謝とともに敬虔な気持ちで胸が熱くなった。

そして、すべてのご神事が終了したまさにその瞬間！　今度は鶏が大きな声で鳴いたのである。

「コケコッコォ〜！」

朝の到来を告げる鶏の声、その瞬間、美内さんが驚いた様子で言った。

「岩戸が開く時には鶏が鳴くのよ！」

私も、「あっ、そうだった！　岩戸開きの時には鶏が鳴いたんだ」とハッとして、再び深くこうべを垂れた。

それはまさに、古事記に記されている長鳴鳥（ナガナキドリ）の声だった。つまり、ちょうど天の岩戸が開くタイミングに合わせて、天があえて録音機材を止め、岩戸開きの再現のために「時間待ち」をさせられていたのだと腑に落ちたのである。

そのことに気づいた時、夜は明け、岩戸開きの御神事は終わった。それはすべてが目には見えない天の計らい、神様のなさったことだとしか思えない体験だった。

そしてその時、私にとって「岩戸開き」はただの日本神話のお話から、大きな意味のある「何ごとか」になった。

古事記に書かれていた神話だけではないとしたら、現代にも未来にも必要な何かであるとしたら？とも考えたが、分からないまま「岩戸開き」という言葉は私の中に大切なキーワードとして残された。

この出来事は、今から27年前の１９９６年のことであった。

現代の岩戸開きの意味

皆さんもご存知であろうが、日本神話における天の岩戸開きとは、太陽神である女神、天照大神（アマテラスオオミカミ）が天の岩戸に引きこもってしまったがために、世界が真っ暗闇になってあらゆる災いが起こるようになったことから始まる。

そこで、アマテラスを岩戸の中から呼び戻すために、天宇受賣命（アメノウズメノミコ）が裸で舞い踊り、長鳴鳥が鳴き、そして八百万の神々が笑い合った。

その神楽の音に反応したアマテラスが扉を開こうとした時、天之手力男神（アメノタヂカラオウノカミ）がすかさずアマテラスの手を握って外に導き出した。こうして、再び暗闇の世に光が差し込み、人々は明るさを取り戻したのである。

これが、日本神話にあるアマテラスの復活を意味する天の岩戸開きである。

では、27年前、天河神社で体験した岩戸開きご神事の奇跡は、どういう意味があったのだろう。私はあの時、確かに神様からの祝福を感じた。だが、それだけではなかったと今の私は感じている。

そもそも現代における岩戸開きとは何だろう。それは私たち人類が心の扉を開き大いなる愛や感謝に目覚めてゆくこと、意識の扉を開いて真の喜びに目覚めていくこと、利他的になることによって訪れる平和な世界。そう考えてほぼ間違いはないと思う。だがそれにはどうしたらいいのだろう。私も含めて人は弱いものだが、正しい瞑想をし、心を鎮め内面を磨くことによって目に見える世界も変わるかもしれない。しかし、内面だけではない働きかけも必要なのだ。

あの当時から、地球や日本の将来にそこはかとない危機感を持っていた私は、だからこそ美内さんの原作が強く心に刺さり、この作品を音楽にして音の祈りを届けたいと考えた。

そのことは心から良かったと思っているし、祈りや内的な岩戸開きこそが、まずは私たちにとって最重要だと今も思っている。また自分が音楽に救けられてきた体験や、音楽が歴史を動かしてきたことから、音楽が大きな力になるとも確信している。

しかしそれだけではないとも思う。二十数年経ったコロナ禍のある日、ふとしたことから長い間の一連の不思議体験を再確認したことによって、私は日本の現実的な岩戸開きに気づいた。それこそがリアルな「新時代のアマテラス」出現に他ならないとも思った。

１９９６年のＣＤ制作は、さまざまな要因からあの時しかできなかったと思うが、それも今思えば仕組まれていたかのようなタイミングであった。

あの日から長い年月が流れた今、世の中の状況はあの頃よりもずっと混迷の様相を呈している。絶滅の危機にある多くの種の野生生物、壊れてゆく地球環境、失われてゆく資源。日本は大災害に見舞われ、原発の危機があった。近年は世界的にコロナパンデミックが起こり、海外では今も侵攻による悲惨な戦争が続いている。また、国内においては予想だにしていなかった暗殺事件、反社会的な宗教問題、そして経済不況、食糧問題……。書き切れないほど問題は山積みである。

そんな不安な中では、人は目の前のことで精一杯になりがちである。また、この状況を変えるために自分にできることがあるのかと無力感を持つ人も多いかもしれない。私も、せいぜい神社に参拝し祈りを捧げたり、小さな寄付をしたり、メッセージを歌詞に込めたり、平和を希求する音楽を作ったりするくらいしかできていない。

だが、もしかしたらそんな小さな行動から何かが変わってゆくかもしれない。心ある人に話すことや、身近な人と手を携えることから始まるのかもしれない。SNSでの協力もマイナス面もあるがプラスの面も大きい。

将来の行方については、評論家、学者、コメンテーター、さらには予言者などさまざまな分野の識者がYou TubeやTVなどでそれぞれの予見を語るが、知らない人の言葉を恐れることはない。むしろ自分の直感に従って、希望を持つことが先決だと最近の私は考える。

そんな中で気がついた具体的な日本の岩戸開き。それを考えて気持ちを原点に戻すと、あの日の体験が蘇る。

機材が動かなくなり、民宿で話していたちょうど3時33分に始まることになった御神事、ご神前で空中から金粉が降り注ぎ神様が祝福してくれたこと、鶏の声、それらすべてが、やはり「岩戸開きをするように」とのメッセージであったと思う。そしてそれは今、現実の具体的な課題ともなっている。

そんな昨今、セイリオスのホームページでＣＤ「アマテラス」を扱うことになり、その告知をブログに書き終わった瞬間、ふと時計を見たら、なんとまた夜中の3時33分。再び天の計らいを感じた瞬間だった。

すべての始まりは、27年前に起きた天河神社での岩戸開き体験。そして図らずも、それは私にとって、次なる驚くべき体験へと繋がっていくことになった。

第2章

「スメラミコト誕生!」という天の声に導かれて

皇統を守った和気清麻呂(わけのきよまろ)

次に私が体験した驚くべき出来事も、やはり美内さんとご一緒の時だった。『アマテラス』のアルバムがリリースされた2年後の1998年、美内さんともう一人の友人の3人で長野県の諏訪大社への参拝の旅に出かけた時のことである。

拝殿で私は手を合わせ、こうべを垂れたまま一心に平和への祈りを捧げていた。すると突然、何の前触れもなく、

「スメラミコト誕生！」

という大きな声なき声が私の中（脳内）に響いたのだ。

「ええっ、なに?!　スメラミコト?……天皇?!」と、私は驚くよりほかなかった。

当時の私は皇室のことにはまったく関心がなく、スメラミコトという言葉にも馴染みがなかったのである。それなのに、

「急になぜそんな言葉が降りてきたんだろう?」と不思議に思い、すぐに美内さんにそのことを話したところ、美内さんは、

「ええっ、そうなの?!　それじゃ、もうじき次の天皇がご誕生されるのかもしれないね」

とおっしゃった。

そうなのかもしれないと思いながらも、私はそれ以上そのことについて深く考えることはしなかった。

いま思えば、当時は、皇太子殿下と雅子妃殿下ご夫妻の間のお世継ぎ問題に国民の関心が集まっていた時期だったと思うのだが、私はその時期、自分のことで精一杯で、そのことに目を向けていなかった。そのためその声によって初めて、

「もしかしたら雅子さまがご懐妊されるのかも……」

とは思ったが、それにしても、じゃあなぜ私がそんなメッセージを聞くのか？という疑問の答えは見つかるはずもなかった。

そして、その翌年（１９９９年）末、雅子さまにご懐妊の兆候があったものの、流産されたとの報道があった。

私は諏訪大社でのメッセージを聞いていたことからも、お気の毒に思いつつも「スメラミコト」になるお方は、またこの後、お生まれになるお子様かもしれない……などとぼんやり考えるにとどまっていた。

しかし、それから少しあと、今度は私の身に、皇室とも関連のある不思議な現象が起こったのである。

それは、その2年後の2000年のこと、その頃受けていたヒプノセラピー（退行催眠）の最中に起こった。

ヒプノセラピーとは、訓練を受けたセラピストから催眠誘導をしてもらい、自分の幼少時、誕生時、さらには生まれる前、つまり前世を体験することにより、現在の自分の身に起こっている問題の解決をしたり、自分に必要な気づきを得るための退行催眠セッションである。

人には魂があり何度も生まれ変わるという概念のもと、ヒプノセラピーで見る前世は、現在の自分にとって必要な過去生を見ると言われている。前世、過去生があるかどうかとの議論はここでは置くが、私自身はこれらの体験から、人には魂があり生まれ変わると考えている。

この退行催眠療法については、1996年、米国の精神科医であるブライアン・ワイス博士の『前世療法』（山川紘矢・山川亜希子訳、PHP文庫）という本が出版されて精神世界系ではベストセラーになったことから、多くの人の関心を集め、認知されたと思う。日本においても、公立学校の教員であった稲垣勝己氏の著書『前世療法の探求』（春秋社）のスリリングな退行催眠と史実との照らし合わせが、フジテレビ系番組『アンビリバボー』で採り上げられていたので、ご記憶の方もいるかもしれない。

ただ、他人、つまり霊能者などに言われた前世は、私は聞き流すくらいにしている。誰もが知る歴史上の人物の名前を言われたこともあるが、まったく信じられなかった。もし複数のサイキックに同じ名前を言われたならまた別であろうが、私は疑り深いせいか、何らかの裏付けがとれないことに対してはそのようなスタンスでいる。

しかし、ヒプノセラピーは自分自身で体験、体感することであった。そのためその頃、一身上の悩みがあった私も、親しいヒプノセラピストからこの退行催眠セッションを間を空けて、5回、6回と受けていた。

そして、自分がこの世に誕生した時の記憶、また母の胎内にいた時の記憶、その時の父母の様子（胎内記憶）を見ることができた。

母の胎内にいた私は、両親が神社で手を合わせ参拝しているのを見た。そして母が心の中で、

「女の子が生まれますように……」

と祈っているのを感じていた。私には兄が二人いるのだが（すでに一人は他界）、それぞれの兄の下に一人ずつ、私の姉にあたる女の子が二人、亡くなっていた。一人は病気で、一人は未熟児で、子どもを亡くし悲しい思いをした母は、「今度こそ健康な女児を」と望んでいたのだと思う。それはそれで、私にとって感動的な体験だった。

そして、その後の前世退行催眠セッションで、私は何度か過去生の自分を見ることができた。

最初に見たのは、若くして亡くなったスイスの修道院のシスターで、毎日、食事時に出たパンを修道院の裏庭に来る小鳥たちに少し上げることを楽しみにしている少女であった。その後もネイティブアメリカンの女性であったり、江戸時代の武士であったり、いろんな人生を見た。

催眠誘導セッションの最中はリアルに泣くことも多々あって、感情はまさに解放されたが、その多くは名前も判明しなかった。また名乗ったこともあったが、その名前の人が本当にいたかどうかは分からない。

しかし一人だけ、日本の歴史上、実在の名を名乗る人物が出てきたのである。その時、私が見た過去生の自分は男性で、名前を「和気清麻呂（わけのきよまろ）」と名乗った。それはあとで分かったことだが、天皇家に大変縁が深い人であった。

その時に、催眠下で私が見たシーンは要約すると以下のような場面だった。

《退行催眠時に私の中に浮かんできた光景》

最初のシーンでは、雅（みやび）な装いをした若い男性の私が、神社のような敷地で他の同様の装いをしている人と蹴鞠（けまり）をしている場面であった。

次のシーンでは、都で役人をしていた。催眠誘導をしているセラピストが「あなたのお名前を教えていただけますか？」と問うと、過去生の私は「和気清麻呂」と答えた。

しかし、ある時、何をしたのかは分からないが、突然、罪人として捕らえられたようだった。その象徴としてなのだろうか、私の目の前に二本の刀剣が交差して立ちはだかった。そのため私は、捕らえられたと分かったのだ。

次のシーンでは、私は流罪になっていた。それまでとは違う粗末な装束で、どこか遠くへ舟で連れていかれていたようだった。だが、そこでの日々に関してはなぜか何も見えなかった。

次のシーンでは、私は都に戻されていた。何者かによって自分が嵌められたその濡れ衣を晴らすことができたらしく、無事、名誉を挽回して以前のような立場に戻っていたようだった。最後の死に際のシーンでは、自分の息子や複数の人々に看取られながら亡くなった。

私は日本史にはまるで疎かったため、どこかで名前を聞いたことがあるような気はしたのだが、お恥ずかしいことに和気清麻呂がどのようなことをした人物であったかを知らないまま、「そんなに大変な苦労をして奈良時代だか平安時代だかを生きた過去生があったのか……」と胸が詰まったが、同時に特筆すべき思いが一つあった。

それは、官僚として、無実の罪により捕えられたにも関わらず使命を全うした和気清麻呂が、実は歌を詠むことが好きであったと感じたことだった。それを感じたのは、亡くなる直前、そしてあの世に移行する瞬間を体験した時であった。

もしかしたら、和気清麻呂は再び生まれ変わってきたら、濡れ衣で裁かれることなどない職につき、歌を詠んで暮らしたいと願ったのではなかったか？　不条理な裁きを受けた生涯を振り返り、自由な未来世を夢見ながらあの世に移行したのではなかったか？　そんな風に私は感じた。

それからずいぶん経ってから、ふと、ある記憶を思い出した。それは、私が小学生の時のことで、国語の教科書に『玉虫厨子の物語』という話が掲載されていたことだった。授業中、先生から指名されたクラスメートの女子が『玉虫厨子の物語』を立ち上がって音読したとき、彼女が物語の主人公、若麻呂を「～麻呂が……」、「～麻呂は……」と麻呂の方を強調して読むのを聞くたびに、私は自分が呼ばれているような、妙に心に響く感じを受けたのだ。

ただ、主人公の名前は若麻呂であって清麻呂ではない。そして現在の私は若麻呂という名前は忘れていて、ただ単に麻呂がついていたことしか覚えていなかった。しかし、小学生だった私に、麻呂がつく名前に親しみや既視感を感じる理由はなかった。

それに私は文字を教科書で読んだ時ではなく、クラスメートが音読して何度も聞いたことから不思議な感覚になり、ずっと覚えていたのである。

とは言え、『玉虫厨子の物語』の内容はすっかり忘れてしまっていたし、小学校の教科書に出ていた他の物語も覚えているものは何一つないため、やはり何か特別な印象が残っていたからこそ今日までその感覚を記憶しているのだと思う。いずれにしてもヒプノセラピーを受けたことによって和気清麻呂という人物だった過去生を知ったとしても、それが後々大きな意味を持つとは、その時の私は夢にも思っていなかった。

だが、ヒプノのセッションの二日後、私はまたも驚きの体験をしたのである。

江島(えのしま)神社で見つけた小冊子に和気清麻呂の生涯が！

和気清麻呂が蘇った退行催眠セッションの翌々日――。私は作曲家の女友だちとともに、日本三大弁財天を奉る神奈川県の江島神社にドライブがてら、参拝に行った。

江ノ島に行ったのは、私が作詞して同行の女性作曲家が曲を作り、楽曲を仕上げて、あるアーティストにプレゼンテーションしてみようということになり、芸能の神様である弁財天にお詣りに行こうというのが理由だった。

参拝し、神社の社務所の売店に立ち寄ったところ、ふと気になる小冊子が目に止まった。手に取って見てみると、普通の書店には置いていない冊子だったため購入してみた。

帰宅後、小冊子を自宅で読んでみて驚愕した。そこに書かれていたのは、まさに一昨日、ヒプノセラピーのセッション時、自分が見た過去生、和気清麻呂の体験した「宇佐八幡宮神託事件」（道鏡事件）だったからである。

なぜそのような小冊子が、和気清麻呂や道鏡事件と関係ないであろう江ノ島神社で売られていたのか、いまだに謎なのだが、私はその冊子を読んでさらに驚いた。

「私が退行催眠で見た過去生の人生は史実どおりだ！」

と、確認できたのである。おまけに冊子には、私の見たシーンの行間を埋めるような経緯が詳しく書かれていた。

いま思うと、一連の出来事は過去生のシーンを見せられただけではなく、改めて具体的に歴史的な経緯を確認させることで、清麻呂がどれほど重要な役目を果たしたかを強く認識させられたとしか考えられなかった。

なぜそう断言できるかというと、不思議な経験にはまだ続きがあったからだ。

和気清麻呂に関しては日々の仕事に追われているうちに、しばらく意識することはなくなっていたのだが、今度は以前、諏訪大社で聞いた「スメラミコト」に関するシンクロニシティが起きたのである。

ご存知の方もいらっしゃると思うが、和気清麻呂は備前（岡山県）の出身の奈良時代の末から平安初期の貴族で、天皇の地位を狙っていた僧侶の弓削道鏡（ゆげどうきょう）の野望に対して、宇佐八幡の神様のご神託を得て道鏡の企てを阻み、危うかった皇統（天皇の血筋）を守った人物として歴史に名を残している。

この和気清麻呂にまつわる出来事は、「宇佐八幡宮神託事件」、あるいは「道鏡事件」などと呼ばれているが、ここでその経緯を簡単に説明しておきたいと思う。

奈良時代の神護景雲３年（７６９年）、清麻呂37歳の頃、僧の弓削道鏡が女帝の称徳（しょうとく）天皇から深い寵愛を得て、政治に介入して太政大臣になり、次いで法王となって、最後には天皇の位を望むようになる。

そして、道鏡は大宰府の神官であった習宜阿曽麻呂（すげのあそまろ）を使って、宇佐八幡大神より「道鏡が天皇の位につけば天下は太平となるという神託が降ろされた」と朝廷に対してウソの奏上をさせる。

称徳天皇は前代未聞の話に大いに驚き、事の重大さに悩んだあげく、夢のお告げを受けて傍に仕えていた清麻呂の姉である和気広虫（わけのひろむし）を宇佐神宮に遣わそうとしたが、彼女は体が弱かったため、弟の清麻呂に白羽の矢が立ち、真相を確かめるために彼が宇佐に派遣されることになった。

清麻呂はその際、次のような歌を残している。

西の海　たつ白波の　上にして　なにすごすらん　かりのこの世を

かくて都を旅立った清麻呂は、10日ほどかけて宇佐神宮に着き、同年7月、斎戒沐浴して宇佐神宮の本宮にぬかづき、神意を待った。

すると、身の長三丈（9メートル）もある満月の如く光輝く神々しい八幡大神が姿を表わして、

「我が国は開闢以来、君臣の分定まれり。臣を以って君と為すこと未だあらざるなり。天津日嗣は必ず皇緒を立てよ。無道の人は宜しく早く掃除すべし」

とのお告げが下ったのだ。

これは、「日本は国ができてからというもの、ずっと天皇と家臣たちの関係は定まっていた。家臣が天皇に代わって天下を取ることなどいまだかってない。天皇の後継者は必ず天皇の血統から立てなさい。それに反する者は速やかに排除しなさい」という意味であった。

つまり、「道鏡不適格」のご託宣を得たわけで、都に戻った清麻呂は群臣が見守るなか、

「道鏡を掃い除くべし」と奏上。

言うなれば、道鏡の政治の私物化に対する真っ向からの抗議であるが、当時の朝廷の

和気清麻呂像（東京都千代田区大手町・大手濠緑地）

人々は道鏡への譲位に疑問をもっていたにも関わらず、左大臣以下誰も声にあげて道鏡に反対することができない状況であった。

清麻呂の奏上によって朝廷内はホッと安堵したものの、道鏡は烈火のごとく怒り狂い、権威を笠に清麻呂と姉の広虫姫までも島流しの刑に処してしまう。清麻呂は、別部穢麻呂（わけべのきたなまろ）などと侮蔑的な名前に改名させられ、脚の腱まで切られて、そのまま大隅国（現在の鹿児島県）へ流された。

しかもその途中、道鏡は清麻呂の暗殺を謀って刺客（しかく）を送ったのだ。

宇佐八幡大神のご神徳と和気清麻呂の至誠の精神によって、皇統は守られた

その道中、突然、雷が鳴り響き、３００頭あまりの猪の大群が現れ、刺客から清麻呂の身を守りながら、宇佐まで十里の道を案内した。

さらに宇佐へ詣でたところ、道鏡に傷つけられた脚が回復するなど八幡大神のご守護によって、清麻呂の身に数々の奇跡がもたらされたことが記録に残っている。

そして、翌年の神護景雲４年（７７０年）８月４日に称徳天皇が崩御し、光仁天皇が即位して、ついに道鏡は失脚（左遷）、清麻呂は都に召し返され、晴れて名誉を回復するのである。

その後、清麻呂は桓武天皇の信頼を得て、摂津大夫・民部卿として摂津・河内両国の治水工事に当たり、延暦13年（７９４年）には清麻呂の申し立てによって当時の大事業である平安京の造営が始まり、自ら造営大夫として新京（京都）の建設に尽力し、平安遷都の大功を残した。

こうして、宇佐八幡大神のご神徳と和気清麻呂の至誠の精神によって危うかった皇統が

護持され、この後、天皇が即位するたびに宇佐八幡に報告する使者のことを宇佐和気使と言われるようになり、和気氏が派遣されるのが例となった。

和気清麻呂は、延暦18年（799年）2月21日に他界（享年67歳）、現在、京都御所の近くの「護皇神社」に祭祀されている。

清麻呂には子どもがいたことから、和気家の子孫たちは平安仏教の確立、大学寮の復興と私立学校「弘文院」の創立、貧民救済事業、医道などさまざまな分野で功績を残している。

私が退行催眠時に見た光景は、このように清麻呂が辿った人生の要所要所のことであり、すべてが史実と合致していたのだった。

生まれたばかりの愛子さまを拝見した時、「この方が天皇になられるお方だ！」と直感

「宇佐八幡宮神託事件」が綴られた小冊子を読んでから1年ほど経った2001年の12月1日、当時の皇太子殿下ご夫妻に、初めてのお子様（内親王）がお生まれになり、「敬宮愛子」さまと命名されたというニュースが大々的に流れた。

そのニュースを見た瞬間、諏訪大社で耳にした「スメラミコト誕生！」がよみがえり、私はあのメッセージは「敬宮愛子さまのことだった！」と直感的に感じた。

しかし、現在の皇室典範では皇位の継承は父方に天皇の血を引く「男系男子」と定めているということも知っていたため、

「もしかしたら、愛子さまのあと、男のお子さまがお生まれになるのだろうか？　いや、このお子様こそが私にはスメラミコトになられるためにお生まれになった内親王のような気がする……」

と感じたものの、それ以上そのことについて深く考えてもどうにもならないことだと考えた。しかしその後、幼い愛子さまのお姿をテレビで拝見した時、

「あっ、この方がやはりいずれ天皇になられる方だ!!」と直感することになり、あの「スメラミコト誕生！」という祝福の響きが、改めて胸に迫ってきたのである。

ある時、美内さんに「スメラミコト誕生というあの諏訪大社で私が聞いたメッセージのことなんですけどね、私、スメラミコトって愛子さまのことだと思うんです。どうでしょう？」と伺ってみた。すると、

「そうですよ。だってテレビで見たとき驚いたんだけど、雅子さまの腕の中でおくるみの

中の愛子さまはパーっと光を放っていたのよ！」

と美内さんは強く語ってくれ、私には、「やっぱり……」という思いがさらに強まったのだった。

そのようなことがあり、私の中の確信は高まったが、何度目かの過去生誘導催眠セッションでサーキュラーという宇宙存在が現れた2000年末から、私の意識はそちらに向くようになった。また、締め切りを抱える日々の中で、スメラミコトや和気清麻呂のことは、徐々に記憶の片隅に置かれていった。

ところが、それから5、6年経った頃、再び和気清麻呂を意識せざるをえないような出来事に遭遇することになったのである。

それは、アメリカのカイロプラクティック医師であるエリック・パール博士が創始したリコネクティブ・ヒーリングを学ぶワークショップに参加した時のことだった。

リコネクティブ・ヒーリングとは、「リコネクティブ周波数帯域」と呼ばれる究極の領域に共鳴・共振することで、身体、精神、感情、霊的（意識）のレベルで本来あるべきバランスの取れた状態を取り戻すためのヒーリングテクニックである。

そのワークショップに参加した帰りの電車の中でのこと。隣の席に座っていた2人組の女性の会話の声を何気なく耳にして、きっと彼女たちも同じワークに参加したんだろうと思ったので、私から声をかけてみた。

普通ならそんなことはしないのだが、二人の会話がいま学んできたリコネクションに関することであり、ちょうど私も知りたいと思っていた内容だったため思わず話しかけたのである。もしその時二人が別の話をしているタイミングであれば、私は声をかけることなどなかっただろう。

話しかけてみると、案の定、彼女たちも同じワークショップに参加した帰りだった。そして電車内で話しているうちに、そのうちの一人がホリスティック医学やリーディング（催眠状態での透視）によってアメリカの眠れる予言者として知られるエドガー・ケイシー関連のショップを経営している光田菜央子さんという女性だと分かり、話が弾んだことから、名刺交換をして別れた。

過去生で清麻呂の側近だったという人物との出会い

翌日、すぐに光田さんからメールがあった。するとお互いの自宅が近所であり、しかも同じロシアンブルーという種類の猫を飼っているという偶然（必然？）が判明した。そこで親しみを感じ、また会いましょうということになり、ほどなく私の家で軽く食事会をして、交流が始まった。

その後は、何かイベントや用事があったときに会うという関係だったが、光田さんが新しい猫を飼いたいと聞くと、私の知り合いの家で生まれた子猫を紹介するなど、何気ない交流が続いていた。

そんな数年後のある日のこと、どこかで会った時、彼女が突然、私に話してくれた。

「私、何人かの人から『和気清麻呂の側近だった過去生がある』って言われたことがあるの」

その言葉を聞いた瞬間、「えええーっ!!」と、私の中で再びスイッチが入った。

「実は私、ヒプノセラピーで自分が和気清麻呂だった過去生を見たことがあるのよ」

と、それまでの経緯をシェアしたところ、彼女はそれまで何度か九州の宇佐神宮など清麻呂の関連する神社に行ったり、関連資料を調べたりしていたことを話してくれた。

ちなみに彼女が過去生で和気清麻呂の側近であった時、何らかの日本の国の秘密をどこかに伝えるために移動中、殺されたらしいとのことだった。ということは、ひょっとすると和気清麻呂が流罪になった鹿児島へ何かを伝えに行こうとしていたのであろうか？　ミステリアスな話である。

さらに光田さんは、和気清麻呂が鹿児島に流罪になっていた頃、現地の女性との間に子どもができていたという話までしてくれ、光田さんはその子どもの生まれ変わりだという人とも知り合いだというではないか。

もうこうなると、和気清麻呂から逃れることはできない。

そう確信した私は、2011年、光田さんや美内さんとともに九州の宇佐神宮に行き、改めて八幡大神に参拝させていただいた。

ただ、私自身と和気清麻呂との共通点に関しては、和気清麻呂の人となりが分からないため、私の産土（うぶすな）神社も八幡神社であったこと、先ほど述べたように清麻呂も歌詠みであり、その才があったであろうということくらいしか分からない。

むしろ忠誠心が強く天に愧（は）じない行動をした和気清麻呂に対し、私はあのように立派な行動がとれるだろうかと我が身をかえりみたが、正義感が強いところと嘘が嫌いなところだけは似ているかもしれない、などと自分を慰めた。

とはいえ、おそらく誰にも多くの過去生がある中で、私の身の周りでこうも和気清麻呂に関係する出来事が続くには、理由があるに違いないと思わざるをえなかった。

すると、その1～2年後、私の身にまたしても時代を遡る驚くべきことが起きたのである。

それはかかりつけの歯科クリニックでの治療中に起こった。イスに座って治療を受けていた最中、寝不足だったためか、私は口を開けたまま一瞬だけ深い眠りに落ちてしまったのだ。クリニックで口を開けたまま眠ってしまうことなど、もちろん普段はない。だが、その時は非常に長い時間にも思えた。あまりにもリアルな明晰夢を見たからである。

その夢は、次のような光景だった。

《歯科クリニックで一瞬、寝落ちした時に私が見たビジョン》

◆時代は古代の日本のようで、周りには高床式の建物などが見えていた。

◆布を巻きつけたような格好をした人々（神代の装束のようだったが、はっきりとは分からない）が慌てふためいた様子で走り、動いていた。そして、皆が「ヒメミコさま～、ヒメミコさま～」と大声で呼びながら、誰かを必死で探しているように見えた。

◆私はその様子に、「何か大変なことが起きたんだ」と感じると同時に、夢の中で「ヒメミコとは、つまり卑弥呼のことだ！」とすぐに理解したのである。

そんな夢を見て目覚めた時、目にしたのは近代的なダウンライトに照らされた白い天井であった。そうだった、私は歯科クリニックで治療中だったのだ。

「なぜ、あんな夢を見たのだろう？」

治療を受けながら、私の頭はずっと驚きと疑問でいっぱいだった。それまで卑弥呼になど興味を持ったこともなければ、特段考えたこともなかったからである。

ただ、その夢を見たことで「ヒメミコさま」とはどんな字を当てるのだろうか、とは考えた。姫御子だろうか、それとも姫神子か？　シャーマンだと考えたら姫巫女だろうか？　などと考えていた。

さらによく考えてみると、卑弥呼の「卑」という漢字にはやや違和感があったため、ヒメミコさまと呼ばれていたのを聞いた魏の国の人が、ヒミコと聞き違えたことから、あの漢字を当てたのだろうなどと想像した。そもそも卑弥呼という名前は『魏志倭人伝』には出ているが、日本の文献には残っていないのだ。

いずれにしろ、私が夢で見た「ヒメミコさま」は、「姫巫女」か「姫御子」か「姫神子」かなと思っていたのだが、その時の私は、圧倒的に皇室に対する知識に欠けていた。「姫巫女」も「姫御子」も「姫神子」も厳密にいうと違っていた。そう気づいたのは、それからかなりの時が経ってからだった。

ただ、「なんの興味もなかったのにあんな明晰夢を見たということは、過去生で卑弥呼の時代に私も生きていたことがあったのだろうか?」と思い、「あの夢はいったいどんな意味があったんだろうか?」とも考えた。

そして、非常に面白い夢の体験だったため、そのことを身近な人に話したり、Facebookにも投稿したりした。

しかし、あの不思議な夢の中に私自身は登場していなかった。言ってみれば傍観者であって、まるで1800年前の弥生時代にワープして卑弥呼の統治する国を客観的に見ているかのような印象だった。

ひょっとすると、本当に一瞬、時空を超えてタイムスリップしたのかもしれない、そう感じるほど奇想天外で鮮明な夢だったのである。

卑弥呼が登場する舞台の仕事

それから約1年後の2013年の春——。今度は卑弥呼が登場する古代をモチーフとした舞台の作詞の仕事が入るというシンクロニシティが起きた。

タイトルは『二都物語』。ディケンズ原作の『二都物語』を基に、物語の舞台を日本の古代に移したストーリーで、２０１２年に完成したばかりの劇場、渋谷の東急シアターオーブでの上演だった。

主演は当時まだＳＭＡＰにいた草彅剛さん、ヒロイン役が堀北真希さん、脇を固めるのも高橋惠子さん、小澤征悦さん、大杉漣さんなどオールスター・キャストの舞台であった。音楽は過去に草薙剛さんと組んだことのある作曲家の岩代太郎さんが担当し、その岩代さんの推薦で、私は初めての舞台の仕事で９曲の作詞を担当したのだが、とても新鮮で楽しい仕事だった。

そして、そのためにゲネプロ（通し稽古）を含め何回か舞台を観にいった。そして、卑弥呼らしき女性が登場するシーンになるとなぜか心が揺さぶられ、内なる〝気づき〟を促されるような不思議な感覚に陥っていった。

この舞台の仕事を境に、再び、卑弥呼について深く考えよと見えない世界から言われたような気がして、本を読んだり考えを巡らせたりしていたが、これだという答えは見出せないままであった。

卑弥呼と箸墓古墳

それから時は過ぎていった。その後の6〜7年間、私は作詞をし、レコーディングに立ち合い、ライブに行ったり、セイリオスのCD制作やライブ開催をしたりと忙しい日々を過ごしていた。

そんな中、突如2020年2月、新型コロナのパンデミックが起こった。コロナ禍になっても、自宅で行なう仕事には変わりはなかったが、打ち合わせやレコーディング立ち合いなどはほとんどオンラインになり、めったに外に出かけることがなくなった。

セイリオスの活動も一旦休止し、緊急事態宣言が出された日本中、世界中の人々がステイホームを余儀なくされたのはご承知の通りである。

そんな自宅にいる毎日の中で、ある日、昔の記録や雑記ノートを整理しようと思い立ち、ページをめくっていたところ、忘れかけていた謎めいたメモをしていた箇所が複数、見つかった。確かに過去に不思議な現象が色々あったなぁと思い出しつつ、時系列で書き出し、パソコンにも打ち込んでみた。

すると、おぼろげながらさまざまな出来事やメッセージの意味、輪郭がだんだんとはっきり見えてくるような気がした。

そんなある日のこと、たまたま深夜につけたテレビで、奈良県桜井市にある箸墓古墳について放送していた番組が目に止まった。何気なく見ていると、箸墓古墳は邪馬台国の女王卑弥呼の墓ではないかとの学説があるとのことで、前に歯科クリニックで見た夢を思い出し、番組をじっくりと見ることにした。

それによると、箸墓古墳は孝霊天皇の娘、倭迹迹日百襲姫命の墓で崇神天皇頃の築造と記され、倭迹迹日百襲姫命は三輪山の神、大物主の妻となった人物とされていた。

三輪山の大神神社には、私も何度か参拝したことがあった。そのためさらに興味をそそられて見ていたところ、倭迹迹日百襲姫命＝卑弥呼説もあることを出演の歴史学者が述べていた。

とはいえ、この古墳は宮内庁の管轄で発掘調査はできないため、それが本当に卑弥呼の墓かどうかについては確証はないとのことだった。

ただし、全長２８０ｍもある日本で初めて造られた前方後円墳のため、相当重要な人物が葬られていて、しかも土器の破片から年代を推定したところ、築造は西暦２４０年～２６０年の間とのこと。

『魏志倭人伝』によると卑弥呼が没したのは247年となっているため、年代も一致している。

古代史には特に関心がなかった私だが、テレビ番組を見るうちに、あの卑弥呼の明晰夢を再び、鮮やかに思い出していた。

さらに立て続けに『天照大神は卑弥呼だった』（大平裕、PHP研究所）という本を偶然見つけたので、さっそく読んでみた。

そこには、女王卑弥呼は日本人の祖先が長い間敬ってきた女神であり、皇室の祖先神でもある天照大神であること、そして、出雲大社は邪馬台国（やまと国＝大和朝廷）の戦勝記念碑であり、天孫降臨は杵尊瓊瓊（ににぎのみこと）の熊襲（くまそ）（九州南部）平定物語であったというような内容が書かれていた。

とにかく、邪馬台国については畿内説の他に、九州説も根強い。またその他の説もある。ただ卑弥呼も天照大神も共に人々に崇拝されていた女性で、生涯、夫を持たず弟がいたこと、さらに『古事記』に出てくる倭の文字と『魏志倭人伝』に「卑弥呼は倭の女王」と記載されていた点など共通点も多く、卑弥呼＝アマテラス説を唱えている専門家も少なくないとのことであった。

ただ、卑弥呼には倭迹迹日百襲姫命（やまとととひももそひめのみこと）説や神功皇后説、倭姫（やまとひめ）説などもあって、歴史上、確たる結論は出ていない。

世界的超能力者、ベラ・コチェフスカの透視

そんな中、２０２２年の初旬、光田さんから十数年ぶりに「九州に和気清麻呂公にまつわる旅に行きませんか」とメールが来て、またも驚いた。

というのもその時点では、私が和気清麻呂の過去生にも関係する本を書こうと考えていることなど、彼女には伝えていなかったからである。

光田さんとはずっと会っていなかったし、彼女とのグループ旅行は10数年ぶりのことだ。しかし、こんな偶然（必然？）は意味があるに違いないからぜひぜひ行かなくては、と腰の重い私も二つ返事で行くことを決めた。そのやりとりの時、光田さんから面白い本の情報を聞いた。

それは、超能力者、ベラ・コチェフスカさんに関する興味深い話であった。

ベラ・コチェフスカさんはブルガリアの国家公認超能力者であり、旧ソ連科学アカデミーからも世界一であると認定された世界的超能力者であった。そして、最近出版された

『超能力者ベラが語る日本と人類の未来』（宮崎貞行、明窓出版）と題する本には、ベラさんが霊視した知られざる日本の古代史、卑弥呼についても書かれているというではないか。

興味を持ってその本を買おうとしたところ、現時点では絶版だったため、光田さんが持っている本を九州旅行の折、持参してもらって借りることになった。

その本を読む前、まずは検索してみたところ、文藝春秋1993年3月号に「超能力者ベラさん来日日記」という特集が組まれていたことが分かった。

それによると、ベラさんが1992年11月に来日した時、東京電機大学で超能力に関する実験が行なわれたらしい。彼女の心拍数を測定している時、ベラさんが手のひらでエネルギーを送り始めたところ、モニターがめちゃくちゃな波形を描き出し、心拍数はわずかな間に120以上に上がったという。実験を行なった東京電機大学の町好雄教授は思わず、「この人は人間じゃない……」と驚いたとのことだった。

その後、九州旅行で会った光田さんから本を借りて読了したところ、ベラさんは前世が日本人であり、伊勢神宮に深い縁のある人で、日本に来たら何としても伊勢神宮に行かなくてはならないと語り、参拝したと書かれていた。また超能力が卓越しているだけでなく、慈愛の心を持つ人のようでもあった。

そんなベラさんはある時、車での移動中、古代の格の高い女性を透視し、震える手で「ＮＡＲＡ」と読めるローマ字を書いた。そして「彼女が、そこに私の国があったと言っている」と語り、その高貴な女性は、「ヒミコと呼ばれている」と言ったという。

やがて、神経を集中させて沈黙していたベラさんは涙を流した。美しい女性、霊体の卑弥呼と対話していたのだ。

「彼女は素晴らしい人、とても偉大な人だったのね。日本民族にとってこの人の存在はとても大きな意味を持つのね」（参照：『文藝春秋』１９９３年３月号、「超能力者ベラさん来日日記」）

この世界的超能力者ベラさんのことは、当時の多くの人々がその透視能力と予言力の比類なき的確さを口々に語っており、ネット検索してみたところ、多くの投稿記事が見つかり、興味深い記事が満載であった。

ベラさんは２０１１年にこの世を去ったが、文芸春秋の記事の中で以下のような言葉を残している。

「これから世界は混乱の一途をたどるでしょう。しかしそれは、人類がどうしても経験しなくてはならない試練でもある。重要なことは、人類がその試練から何を学ぶかです。核の洗礼を人類で最初に受けた日本は、混乱の世紀末から次の世紀にかけて、人類が平安を取り戻していく過程でとても重要な役割を果たすことでしょう。そういう義務があるのです」

再び和気清麻呂にまつわる旅で神秘体験が！

九州への旅は2022年4月の半ば、ヒプノセラピストも参加し、現地では和気清麻呂の隠し子の過去生を持つという九州在住の方ともお会いして、とても興味深い旅になった。

そこで、私はまた驚くべき体験をしたのだ。旅の最初に訪れた大尾（おお）神社での参拝中の出来事であった。

私がご神前で目を閉じ、手を合わせ一心に祈っていると、瞼の裏に白い長方形の映像が現れた。それは大きな額縁に入っているか、もしくは縁取りがしてある長方形の紙のようなもので、その紙に縦に墨で漢字が書いてあった。その漢字は短いものではなく、何文字もあったと思う。しかし、何と書いてあるのか分からなかったので、「読めない……」と思った瞬間、非常に力強い字で、ドン！と「勅」の文字が大きく現れたではないか?!

「ちょく？」と、私が心の中で読んだ途端、

「みことのり」という言葉（返事？）が即座に聞こえた。

みことのりが天皇のお言葉を意味することは知っていたので、私は即座に「詔（みことのり）」のことだなと考えた。

天皇の詔だとしたら、いつの時代の天皇なのだろうかという疑問が湧いたが、それよりもある間違いをしていたことに帰宅後、気がついた。

帰宅後、ちょく（「勅」）とパソコンに打ち込んでみたところ、それ自体がなんと「みことのり」と出たのである。皇室にほぼ無知な私はお恥ずかしいことに、みことのりといえば漢字では「詔」と書くものだけと思い込んでいたのだ。

改めて正しく明記された言葉を調べてみたところ、勅（ちょく／みことのり）は、

◆天子（天皇陛下）の命令。仰せ。お言葉。

◆神仏の命令。

◆天皇の命令（勅命）を受け、書物を作ること。

とあった。「書物」ともあったため私はポジティブに、いつの時代の天皇であるかは分からないが（八幡大神、そのご祭神である応神天皇の可能性もあるが……）、天皇が私にこの

本を書くことを許してくださり、むしろ勅命をくださったのだと解釈した。

むろん和気清麻呂は勅使として宇佐神宮に派遣されたのだが、それは称徳天皇の勅使であったから、私が見た「勅」はそれとは異なり、別の天皇の勅であろう。

ちなみに、このメッセージを受け取った大尾神社は宇佐神宮東側にある大尾山にあり、宇佐神宮の主祭神である八幡大神の御分霊が祀られている。

原始の森に鎮座する大尾（おお）神社の鳥居

和気清麻呂が神前に跪（ひざまず）き深く頭を垂れたとき、八幡大神が現れて伝えた御神託。それは御神託であるが、「勅」＝みことのりであったとも言えるかもしれない。

御神託、勅に従って皇統を守り抜いた和気清麻呂。だが、もし私が和気清麻呂の生まれ変わりであるとしても、現在の私にそのような力があるとは思えない。

それでも、こうして率直に自分の体験とメッセージを皆さまにお伝えしてみることはできる。そう考えて今、この原稿を書いている。

利他的な博愛精神をお持ちの方こそ、聖なる祈りを捧げる天皇にふさわしい

ここのところ、世間では安定的な皇位継承のあり方についての議論がなされている。

これまで、長年の男系男子の不在によって政府は２００４年（小泉政権）、皇位継承資格者を女性皇族に拡大できるよう法改正への取り組みを開始したものの、２００６年に秋篠宮夫妻に悠仁親王殿下が誕生したことから、女性天皇に関する議論は保留となっていた。

それは、政府の有識者会議が悠仁さまの将来のご結婚などを巡る状況を踏まえた上で皇位継承論議を深めていくべきだとの立場から、国民が大きな関心を寄せていた女性天皇に関する議論を棚上げにしたからであった。

ところが、仮に今上陛下の退位後に悠仁さまが皇位を継承されたとしても、今の制度の下では悠仁さまに男のお子さまがなければ、皇位継承者がゼロになる可能性があるのだ。そこで、安定的な皇位継承のあり方についての議論が巻き起こり、有識者会議の中でも「女子や女系の皇族への皇位継承資格の拡大の検討」がなされるようになったことから、

私も当然、「女性天皇」について思いを馳せていた。

複数の専門家たちからは、女性皇族の皇位継承についてさまざまな提案がなされた。次の意見はその代表的なものである。

「男系男子にのみ皇位継承資格を与えるという現行制度を改定し、女性皇族にも皇位継承資格を与えるとともに、現行の男性皇族と同様に、婚姻時もしくは適切な時期に『宮家』を創設し、ご自身、配偶者、お子様を皇族とすべき」(某大学教授)

「現行制度は旧皇室典範を引き継いだものだが、憲法自体が改正されているから、旧制は維持困難な状況にある。皇位継承資格を男系男子に限定するという行き過ぎた規制は少し緩和する必要がある」(某大学名誉教授)

「側室制度が認められない以上、男系男子継承はいずれ行き詰まる。その意味で、男系男子継承は現行憲法下においては、前近代的な色彩が強い過渡的な制度であったと考えざるをえない」(某大学教授)

また、2022年の共同通信社の世論調査の集計結果において女性天皇を認めることに関し、容認が85%に上った。また、女系天皇の容認にも賛成が79%であった。

そもそも、日本国憲法において規定されている皇位の「世襲」の原則は、天皇の血統に属する者が皇位を継承することを定めたもので、「男子や男系であること」を求める皇室典範を改正すれば、女子や女系の皇族が皇位を継承することは憲法の上では可能なのである。

ようするに、世襲による継承を安定的に維持するという本来の目的に立ち返れば、皇位継承資格を女性や女系の皇族に拡大することもありだということなのである。

そこで、改めて「天皇とはどのような存在なのか？」について、私なりに考えてみた。

言うまでもなく天皇陛下は日本の象徴であり、国民の目に見えるところでは国事行為、重要な国のご公務、皇室外交などで日々お忙しくされていらっしゃるが、何と言っても天皇とは長い歴史のなかで代々、宮中祭祀を司られて来られ、何よりもお心を寄せて来られた国民の安寧と幸せを祈ることをされていらっしゃるご存在なのである。

そして、昭和天皇、上皇陛下、今上天皇陛下のお言葉からも、日本国民のみならず、世界人類の平和や発展を願っておられることは明らかだ。

そのように、天皇陛下による祈りとは、まさに無私（無我）の祈りであって、目には見えない神々の世界とこの世をつなぐ聖なる祈りであると言えるだろう。

日本及び世界の安寧は、地球の進化発展にも繋がり、そのためには神々の導きやご加護を得ることが切に望まれる。

そして当然ながら、そのような神意に沿う聖なる祈りを捧げられる存在は、決して誰でもいいわけではないのである。

利他的で無私な心、崇高な精神をご自身の中にちゃんと落とし込んでいるようなお人柄、それだけ高貴な人格や霊格が求められるのではないか……そんなふうに感じるのは私だけではないと思う。

つまり、日本古来の祭祀の継承や地球の進化という観点からすると、天皇になられる方は、何よりもまず神様に無私の祈りを届けられる利他的な慈愛を持っていらっしゃる方が最適であるのは言うまでもないだろう。

無心で人のために祈り続けていれば、必ず天に願いが届けられる

私は、利他的な無心の祈りを続ければきっと天に届くはずだと考えている。というのも私にはこんな体験があるからである。非常に個人的な話ではあるが、私の体験したエピソードをご紹介したい。

もう20年以上前だったと思うのだが、私が夫と交際中のことであった。ある時、私がお

風呂でウトウトしてしまった時、彼がバイクに乗っていて事故に巻き込まれる夢を見た。私は時折、正夢や不思議な夢を見ることがあったことから、彼にその話をして、バイクにはもう乗らないで欲しいと勧めた。

ところが彼は、「心配してくれてありがとう」とは言ってくれたが、軽く捉えているようで「夢で見ただけでしょ」と言って、取り合おうとしない。

当時は別々に住んでいたので、私がいつも彼を見張っているわけにもいかない。困ってしまった私は、その日から夜、目を閉じて、映像化する祈りをすることにした。彼が事故に遭ったとしても、スーパーマンのように何事もなく立ち上がるというアニメ的なビジュアライゼーションである。私には、ありありと映像化した願いが形を変えて現実化した経験がそれまでにもあった。

毎晩、そんなビジュアル化した祈りを続けていたある日のこと。彼から「バイク、盗まれちゃったよ！」と電話があった。私は内心、「やったぁ！」と思い、もうこれで大丈夫だろうと思っていた。

ところが、盗難届を出していた警察署からバイクが見つかったとの連絡があったというではないか。残念（？）なことにバイクは戻ってきてしまった。

しかし、しばらくしてまたしても同じバイクが盗難に遭った。祈りの効果は二度までも盗難に遭わせるのか！と驚いたが、これにはまだ続きがあったのである。

ある日、二人で街を歩いていた時のこと、私たちより数メートル先を歩く少年がバイクを引いているのが見えた。その途端、彼は大きな声で「あっ！」と叫んだ。なんとそのナンバーは盗難に遭ったバイクのナンバーだったのだ。

つまり、街で偶然、バイクを盗んだ人物（少年）をそのバイクごと見つけてしまったのだ。それを見た彼はすぐに駆け寄っていき、「こらっ、何やってるんだ！」と少年を立ち止まらせて、懇々と説教をし、「二度とこんなことするんじゃない」と言って、結局は交番に連れて行くこともなく、彼は少年を許してあげた。

そうしてバイクは戻ってきたが、少年が何か手を加えたのかバイクの調子が悪くなってしまっていた。結局、彼はバイクを手放し、それ以来、バイクには乗らなくなったのである。

私はその時、運命が変わった手応えを感じた。そして、偶然に街で見かけたバイク窃盗少年を彼が許したことも、運命をいい方に向けるために良かったのかもしれないと思った。

私が見たところ、気の弱そうなその少年は、きっとその体験から二度と窃盗などしないだろうと感じたからである。

繰り返しになるが、私は我欲ではなく誰かのために無心で祈り続けたり、利他的な行為をしていれば天に願いは届けられると思っている。それだけ、祈りには利他心が求められるのではないかと感じるのだ。

ましてや、国民全体のための祈りとなれば、なおさら利他心や高貴な精神が求められる。それこそが天皇陛下としての資質として不可欠ではないだろうか。

私たちが敬愛する今上陛下も、そのような国民を思う利他心や慈愛に溢れているお方である。そして、祈りのお力も非常に大きいであろう。それは一般人にはない高貴な資質だと思う。

資質というのは、文字通り持って生まれた天性の性質であり、たとえばアスリートにはアスリートの、職人には職人の資質が求められるように、天から与えられた素晴らしいギフト（素養）としての資質を自ら活かしてこそ、周囲の人々にも幸せを分け与えられると思うのである。

とりわけ、日本国民にとっては唯一の祭祀・祈りのご存在である天皇陛下には、天皇としての資質が求められるわけで、国民の幸せを祈る資質は男女の性差を超えたものであるはずだ。

天皇の祈りとは、無心で平和・安寧を希求し続ける純度の高い祈りであって、そのような祈りができる方こそが天皇の資質を有している。だからこそ、それが天に届けられるのではないだろうか。

卑弥呼のような闇世を照らす女王となるべき皇女

私の中でそのような天皇の祈りに対する思いが強まると同時に、再び「ヒメミコ」の夢の謎解きも始まった。

改めて調べてみると、卑弥呼については『魏志倭人伝』と『後漢書』の記載が重要なヒントになるようで、そこには次のような記述があることを知った。

◆倭國はもともと男性の王が治めていた。

◆桓帝・霊帝の治世の間（後漢：146年〜189年）に大いに乱れ、互いに攻めあっていたが、ひとりの女子を共立して王とし、名付けて卑弥呼と言った。

◆年（齢）、すでに長大であるが、夫婿はなく、弟が補佐して国を治めていた。

◆卑弥呼が亡くなった後は、女性の台与（とよ）が世継ぎとなった。

つまり、古代日本では大王（おおきみ）と呼ばれる男性が支配していた時代があり、そのような時代には争いが絶えなかったため、卑弥呼と呼ばれた女性のリーダーが立ったことで争いがおさまり、世の中が平和になった、ということなのである。

ただ、『魏志倭人伝』や『後漢書』の記述によると卑弥呼の年齢があまりにも長寿になることから、卑弥呼は一代限りではなく、何代かにわたって卑弥呼と呼ばれた女王が国を統治し、それを代々男性が補佐していたのではないかと考える研究者もいた。

いずれにしても、卑弥呼はアマテラスと同じ古代日本の女王であったと捉えるのが自然であり、しかも卑弥呼の時代に皆既日食が起きた記録が残っていることから、「卑弥呼＝アマテラス説」はますます信憑性を増してくる。

皆既日食が起きたのは西暦２４７年3月24日で、皆既帯はアフリカから朝鮮海峡まで、中国（魏）の洛陽や長安では夕方に皆既が見られ、日本ではすでに太陽が沈んだあと。部分食は日没前に始まり、その欠け具合は西にいくほど大きいことから、近畿では日没時に半分強、北九州では7割くらい欠けていたとのことである。

さらに、日食は翌年の248年9月5日の早朝にも起こり、皆既帯は能登半島から北関東さらに太平洋上に長く延びて、この皆既日食が見えた陸地は地球上で日本の本州の一部だけで、黒い太陽の記録は世界中どこにもないという。

この時は近畿や九州でも太陽は9割も欠けていたそうなので、その壮絶な光景を目にした当時の人たちは、「明日はもう太陽は昇って来ないのではないか?」という強い不安に駆り立てられたことだろう。

太陽が完全に隠れて再び復活するという天変地異、それをこの世の太陽のような存在である女王(卑弥呼)の死と再生に重ね合わせ、「アマテラスの岩戸開き神話」として後世の人々に伝えたとしても何ら不思議ではない。

このような点も考慮したうえで、「卑弥呼=アマテラス」説を提唱している歴史家は少なくなく、『風土』の著作で知られる思想史家の和辻哲郎氏なども、「岩戸隠れをした天照大神は卑弥呼」であり、「岩戸から出てきた天照大神は(卑弥呼の後の)台与(とよ)に当たる」との説を唱えている。

そんな本を読んだあと、検索をかけようとパソコンに「ヒメミコ」と打ったところ、「皇女」と変換され、ハッとした。

皇女――ヒメミコとは天皇陛下のご息女のことであり、宮家の内親王は皇女と呼ばれることはない。そこで私がそれまで考えていたヒメミコの漢字は前述したような姫御子、姫巫女、姫神子ではなく、天皇のご息女である「皇女」であったと思い至ったのである。

その後、『天皇家の卑弥呼―誰も気づかなかった三世紀の日本』（深田浩市、鳥影社）という本を見つけたのでこちらも読んでみた。

この本では、卑弥呼の正体は、孝霊天皇の息女、倭迹迹日百襲姫命（やまとととひももそひめのみこと）であるという考察であった。あのテレビで見た箸墓古墳（はしはか）に葬られているとされる巫女（みこ）でもある皇女で、ヒメミコ、皇女という意味では合致するのである。

そして、倭國大乱は皇位継承戦争であったため、皇位継承争いを避けるために、女王ではなく皇位継承とは無関係な斎王（伊勢神宮または賀茂神社に巫女として奉仕した未婚の皇族女性）として立っていたという説であった。

すなわちこの時、邪馬台国には王という位はなく、空位であったという解釈である。それが魏の国から見れば女王と見えたのではないかという。

ただ、斎王とは６７４年、壬申の乱の後に伊勢に遣わされたことから始まったと言われており、卑弥呼の時代にはまだ斎王の記録はなかったはずなので、その先駆けのような立ち位置という意味なのだろう。

しかし、私は素人ながら「親魏倭王」が、238年に魏の皇帝、曹叡から邪馬台国の女王・卑弥呼に対して与えられた封号であると何度も記されていることから、やはり卑弥呼は女王であると考える方が自然だと思うのだがどうだろうか？　もちろん歴史学者でも研究家でもない私に、卑弥呼＝天照大神か、卑弥呼＝倭迹迹日百襲姫命であるか、また神功皇后や倭姫など別の方の可能性もあるのか、学者たちが研究しても結論が出ていない古代史を解き明かすことはできない。

ただ、天照大神と卑弥呼がほぼ同じ時代に存在したとしている説もある。日本建国の年代は『日本書紀』に記されている年代から約千年ほど後世に引き下げて考えるべきであるというのが学習院大学教授であった飯島忠夫氏の見解である。

一方で、古事記と日本書紀をおおよその基とした場合、天照大神は紀元前八世紀の方で、倭迹迹日百襲姫命は紀元後一世紀にいた方とする説もある。

もし後者であるとするなら、アマテラス、天照大神が生まれ変わって卑弥呼＝倭迹迹日百襲姫命として誕生した皇女であったという仮説も成り立つのではないだろうか。

夢の中で聞いた多くの民たちの呼び声、「ヒメミコさま〜、ヒメミコさま〜」の意味が卑弥呼だと瞬間的に分かった私には、それがしっくり来てしまう。

当時、卑弥呼に謁見できた者はほとんどいなかったとされているが、たとえ人々が謁見できなくても、何かが起こっていたために邪馬台国の民は卑弥呼を必死で呼んで、まさに急ぎ、岩戸から出て来ていただくことを望んでいたのではないだろうか。

夢から覚める直前、「卑弥呼とはヒメミコのことだ！」と即座に感じたのは、私が見えない世界からそれを教えられていたからだと私は感じている。

だがそんな仮説を立ててみても、もちろん想像の域を出ない。そして愛子さまがそういう方々の生まれ変わりであるとしても、それが確実に分かるすべはないし、そのようなことは何らかの裏付けとなるもの、説得力のある証がなければ断言などはできない。付け加えなければならないのは、愛子さまが誰の生まれ変わりであろうがなかろうが、そのままの今の愛子さまが素晴らしい方で、天皇皇后両陛下のただ一人のお子様、唯一無二の皇女さまであることに意味がある、ということだ。

しかし実を言えば、愛子さまがご幼少のみぎり、着袴（ちゃっこ）の儀（一般で言うと七五三に当たる）の映像を見たとき私は、このお姿は古代の女帝の幼い頃のお姿ではないかと衝撃的に感じたことがあったのである。もちろんそれは私の直感でしかないが、瞬間的にそう感じてしまったのはなぜなのだろう。

またご誕生の直後、美内さんがおくるみの中の愛子さまが光を放っているのを見たように、高貴なオーラと存在感ある愛子さまは現在のお立場から鑑みても、ご先祖に当たられる古代の女神とされるお方や女王の生まれ変わりであり、大切なお役目を持って今上天皇家にご誕生されたに違いないと私は感じている。

そして、私がそれまで何の興味もなかった卑弥呼の夢をタイムスリップのように見た理由は、日本の古代には確かに女王が存在していて、その方が戦(いくさ)の続いていた日本を平和に導いたこと、そしてその女王は皇女（ヒメミコ）であった、ということを知るためであったと思う。

「スメラミコト誕生！」のスメラミコトとは皇女(ヒメミコ)である！

私の体験を時系列に記してみる。

1. CD『アマテラス』に収録する音を録音するために訪れた天河神社で、直前に話題にしていた午前3時33分に始まった「岩戸開き」を祈る御神事。

2. 夜明けと同時に終わらせるように機材を止め、空中から降りそそいだ金粉の奇跡。

3. 岩戸が開いた時の長鳴鳥（ながなきどり）の声。
4. 諏訪大社で聞いた「スメラミコト誕生！」というメッセージ。
5. 催眠下で出てきた自分の過去生「和気清麻呂」
6. 皇統を守った和気清麻呂の生涯。
7. それを自覚させるための多数のシンクロニシティ、過去生で縁のあった人との出会い。
8. 夢で見た古代の女王「ヒメミコ」のリアルなビジョンと多くの民の声。
9. 卑弥呼（ヒミコ）＝皇女（ヒメミコ）への気づき。
10. 和気清麻呂ゆかりの神社で聞いた勅（みことのり）。示された映像とメッセージ。
11. ご先祖にあたられる皇祖や古代の女王、天皇が現代に生まれ変わり、今上天皇家の皇女、愛子さまとしてご誕生されたのではないかとの気づき。

これらの点と点をつないだ先にあったのは、以下の結論であった。

◆今こそ、早く時代の岩戸開きをしなくてはならないこと。
◆未来の天皇は皇女（ヒメミコ）として現代にご誕生されなければならなかったこと。

◆「ヒメミコ」が岩戸から出られて、立太子されることが、今の日本にとって必要であること。
◆古代の女王「皇女（ヒメミコ）」が日本を平和へと導いた史実を知ること。
◆それゆえ、「ヒメミコ」がそのお役目を持って天皇家にご誕生したことは神意であること。

つまり、「スメラミコト誕生！のスメラミコトとは皇女（ヒメミコ）である！」という結論なのである。


それを、皇室と何の関わりもなく、それまでは興味もなかった私にわざわざ伝えた理由は、私の過去生が皇統を守った和気清麻呂だからとしか考えられないのだ。

そのためにヒプノセラピーを受けさせ、直後に小冊子を見せ、光田さんと出会わせた。また、歯科クリニックで卑弥呼の時代の夢を見せ、卑弥呼の出てくる舞台の仕事をさせ、夜中に古墳の番組を見せ、和気清麻呂ゆかりの神社で「勅（みことのり）」をメッセージで示した。それによって感知した愛子さまの過去生。そして出た、一つの結論。

ここまで知らされた私は、このことを皆さまにお知らせしないわけにはいかないのではないだろうか！

思い返せば、あの夢の中の卑弥呼の時代には、何か大変なことが起こっていた。ひょっとすると、皇位継承戦争が起こっていたのかもしれない。

多くの人々は、「ヒメミコさま〜！　ヒメミコさま〜！」と必死に呼んでいた。国の民たちは皇女さまを選び、早く岩戸からお出になって欲しいと呼んでいたように私には思える。

今、国民の間でも、愛子さまに立太子していただきたい派と、このまま皇室典範を変えず秋篠宮さま、その後、悠仁さまに男系で継いでいただきたい派と意見が分かれていて、世の中は分断しているようだ。

ただ、若い人たちは一般的には無関心であり、天皇家や皇室などもう不要だと言っている人たちもじわじわと増えてきているようでもある。

私には、このような不穏な時代に神々が「もう時間がない」と言っているような気がしてならない。

「神意」に沿ってご誕生する天皇家の直系長子こそが新時代のアマテラス、新時代の卑弥呼（＝ヒメミコ）であり、岩戸を開いて、希望を呼び込む時が来ている。そう思えるのである。

そして、皇女（ヒメミコ）とは現代において、今上天皇陛下のお子様、敬宮（としのみや）愛子内親王殿下ただお一人しかいらっしゃらないのである。

第3章 愛子天皇の未来へ

神意と日本国民の想い

「スメラミコト誕生！のスメラミコトとは皇女であった！」

これは、すなわち次の天皇（第１２７代天皇）になられるお方は、敬宮愛子さまであることが神意であるという意味になる。

この結論は私の不思議な体験から導き出された答えであるが、実際、愛子さまが次の天皇になられることを望んでいる日本国民は多い。ここからは、しばらく現実的な可能性を探ってみたい。

現在の皇室典範に基づく皇位継承順位からすると第1位は秋篠宮さまだが、秋篠宮さまご自身から「兄が80歳の時、私は70代半ば。それからはできないです」とのご発言があったと報道されたことはまだ記憶に新しいと思う。（参照：『朝日新聞』２０１９年4月21日付朝刊）。

上皇さまの退位に関する議論が開始された当初は、秋篠宮さまが「皇太弟」と呼ばれる可能性もあったのかもしれないが、政府高官から、秋篠宮さまご自身が「皇太子のような称号は望んでおらず、秋篠宮家の名前を残したい意向だ」という趣旨の説明があったことから、現在は皇位継承順位第1位の皇族であることを示す「皇嗣」という称号に落ち着いたとのことである。

秋篠宮さまのこうしたご発言から「自分は天皇になるつもりはない」と解した国民は多かったであろう。また秋篠宮様は、いわゆる帝王教育をお受けになっていらっしゃらないことから、心の底では自由なお立場でいたいと望んでいらっしゃるのではないだろうか。

いずれにしても秋篠宮家の問題については、ここ数年、皇位継承とは別の面で国民の注目の的になっている。しかし私はここで、取り沙汰されている諸問題について触れるつもりはない。

なぜなら秋篠宮家における問題とは無関係に、「愛子さまが皇太子になられることは神意である」という答えを、私は長い年月の間に得たからである。

しかし現在、皇統が危機に瀕していることは確かである。もしこれからも天皇が男性に限るとしたら、次の皇太子になるのは秋篠宮家の悠仁（ひさひと）さまということになるのかもしれないが、女性皇族が結婚により外に出られた場合、同世代の皇族はたったお一人しかいなくなる。

もちろん皇室典範改正が行われ女性の皇位継承が認められたとしたら、天皇家の愛子さまが皇太子になられる。

その場合、悠仁さまは、将来は天皇家（女性天皇）をお支えになるお立場となられるわけだが、天皇家直系長子の愛子さま、秋篠宮家の末っ子でありご長男の悠仁さま。お二人がいらっしゃる将来の皇室を考えてみると、これがいちばん自然なお姿のように私には思える。

国民の8割以上が女性天皇に賛成

２０１９年にＮＨＫが行なった皇室に関する意識調査では、国民の過半数以上が女性天皇を支持していて、「女性が天皇になるのを認めることに賛成か？」という質問に対して賛成と答えた人は74％で、反対はわずか12％だったそうだが、２０２２年４月に共同通信が実施した世論調査でも賛成が87％、反対は12％で、これまでの各種世論調査の結果でも、女性天皇という選択肢への支持は一貫して7割から9割前後という高い水準で推移していることから、「愛子天皇」待望論は決して一時的なものではないことが分かる。

つまり国民の大半は、天皇が男性でなければならないなどとは思っておらず、国際社会における日本の皇室の役割や時代的な影響などを考慮すれば、未来の女性天皇を望む声が多いのは当然のことだろう。

まして、最も大事なのは天皇にふさわしい資質であって、女性だから天皇にはなれないというのは男尊女卑の考えであり、今の時代にまったくそぐわないと思うのは私だけではないはずだ。

さらに実際問題、日本の皇統は今まさに断絶の危機に直面していて、このままでは日本の象徴天皇制は自然消滅してしまうかもしれない。

安定的な皇位継承の面からも、また天皇としての資質の面からも、今こそ愛子さまが皇太子になっていただくのが望ましいと私は思うし、同じ思いを持っている人々も決して少なくない。

慈愛と聡明さに溢れた女性皇太子の誕生を

現実的にこうしたことを考えるにあたり、私は前述した本以外にも多くの書物を読んでみた。歴史学者や皇室研究家、評論家など多くの研究者や専門家の本によって、古代天皇家の大王（おおきみ）と呼ばれた頃からの神話的な歴史、存在していた八名十代の女性天皇の情報、女性天皇と女系天皇について、はたまた明治天皇の多くの側室のエピソード、海外の王室の君主のことなど、さまざまな伝承、史実、近年の情勢も学んだ。もちろん男系男子派の作家が書いた本も読んだ。その結果、私が感じたことは、今こそ時代の過渡期に違いないという実感だった。そして変化の時、どういう判断をするかによって未来は大きく変わることから選択を間違ってはいけないとも感じた。

過去、明治時代に旧皇室典範が作られた時、伊藤博文は皇統が途絶えることを危惧し、女性・女系天皇を認める草案を用意していたという。この案は当時、武家出身であった井上毅の強硬な反対によって潰えたが、そう考えると民間人が宇宙へ旅立つこの令和においても男系男子に固執する人は、明治時代の伊藤博文公よりはるかに頑なで古臭い考えに凝り固まっていると言える。

加えて、時代錯誤の男尊女卑と厳格な家父長制度への執着は、悲惨な暗殺事件の原因となったカルト宗教団体のドグマと共通であり、その点からも清らかさとはかけ離れた暗い「何か」を感じてしまうのは私だけであろうか。

現在は、明治時代およびそれ以前のように側室制度があった時代とは違うのだ。次世代の男性皇族は、今上陛下の弟宮家にお一人いらっしゃるだけで、女性皇族の結婚によって皇族の数自体が減っている中でも「何が何でも男系男子でなくてはならない」としたなら、皇統断絶の危機を招く恐れがあるのは火を見るよりも明らかである。

また、旧皇族出身の国民を、どちらかの宮家の養子にする案があるようだが、その方々は生まれる前からすでに民間人のため、「門地（もんち）による差別」となって憲法違反となる。

女性天皇に賛成している大半の日本国民は、昭和天皇から上皇陛下が受け継がれた高貴な精神が今上陛下にもしっかり受け継がれており、さらにその精神を継承される方こそがお世継ぎであっていただきたいと切に願っているのだろう。

国民の象徴とは、心の拠り所でもあり、一般国民が「かくありたい」と願う、精神的な模範でもある。そこには男女の違い（性差）などという壁は存在しないはずである。

今、最も大切なこととは一体何なのか。私はその点を考えてみるべき時が、今こそ来ていると思う。

また先日、美内すずえさんがかなり以前に見た不思議な夢の話を聞いて、さらに皇室への、ひいては日本への危惧が高まった。

美内さんが今も鮮明に記憶されているというその夢は、飛行機の一番前の座席に昭和天皇がお座りになり、後ろの座席には多くの皇族の方々が正装して座っている夢だという。

そして飛行機はゆっくりと真っ逆さまに下へ向かって墜ちていったというのだ。

そんな夢を見た美内さんは、目覚めてから「もしかしたらこのままでは皇室が崩壊してしまうのではないか？」と思ったそうだが、美内さんの見る正夢はいつも鮮やかなカラーだが、その時の夢は白黒だったそうで、「これは確定した未来ではなく、国民の総意によって皇室の危機を回避できるはずだ」とも仰っていた。しかしながら、このままでは崩壊の可能性も大きいということになる。

もしもこの夢が、男系男子に固執して皇統が絶えることを暗示しているとしたら……。そうなると、日本や世界の安寧を、神に一心に祈られるお方はいなくなるのだ。そして、日本人の精神性も弱まって、まったく別の世の中になりかねない。

美内さんの仰るように、何としても皇統の危機を回避できることを祈るばかりであるが、そのためには、過去の因習や思惑などではなくて、あくまで高貴な精神をお持ちの方が次の天皇になられるべきだと私は思う。そうでなければ、宮中祭祀を司られる唯一のご存在としての天皇の意味はどこへ行ってしまうのだろう。社会が暗澹たる状況下にあっても、聖なる祈りを神様に届けられるお方は、慈愛と聡明さに満ちた方、利他的な精神をお持ちの方であり、国民の多くが女性天皇に賛成しているのは、愛子さまがそのような慈愛と聡明さを兼ね備えているお方だと確信しているからだろう。

もしも日本統合の象徴として、また祈り人として、資質のない方がお立場に着くことになれば、皇室は衰退してゆくかもしれない。

人の心の安寧や幸福は、どのような地位につくかではなく、使命に沿った生き方から生まれる。

真に資質を有する方にこそ神のご加護が得られるのであって、それが神意に沿うということだと思う。

とりわけ今の時代に求められているのは、これまでの血なまぐさい争いや権力闘争の時代から、平和や利他心、愛で包み込む時代へと導いていくための愛、女性性、聖なる母性であり、それこそが地球の進化を促す鍵となるものである。

次の天皇になるお方も、今上陛下のように国民が心から敬愛し、ご信頼できる高貴な精神をお持ちの方で、無私の心で神に祈る方であり、また多くの人々に規範を示す方でなければ、未来の日本の平和もままならないのではないだろうか。

ご懐妊、ご出産時のエピソード

そのようなことを考えていた考えていた先日、たまたまテレビをつけたところ『皇室スペシャル　２０２３』という番組が放映されており、後半の一部を見ることができた。番組では多くの関係者が出演され、心温まる両陛下のご様子を知ることができたが、その中にとても心に残ったエピソードがあったのでご紹介したい。

それは雅子さまがご懐妊の時のエピソードだった。当時、宮内庁病院の担当医であった堤治（つつみおさむ）医師が天皇陛下（当時の皇太子殿下）に、「ある時期が来たら、お子様の性別をお教えすることができます」とお伝えしたところ、陛下は即座に「知らせなくていいです」と仰ったと言う。

現在の皇室典範では、皇太子家においては生まれてくるお子様の性別が重い意味を持つ。しかし今上陛下は、授かったお子様は男女どちらでも尊い存在であり、どちらであっても喜ばしい。

それゆえ事前に知らされるよりも、その時を大切に待ちたいとお思いになられたのだと思う。

その後、雅子さまの検診にもご一緒にいらっしゃり、ご出産の前も背中をさすられるなどして雅子さまをいたわりお守りになった陛下には、ご出産の直後にも驚くようなエピソードがあった。

2001年12月1日、宮内庁病院でオギャー！と響いた元気な声。「あのように大きな声は初めてだった」と堤医師の語る３１０２グラム、49・６センチの皇女、敬宮愛子内親王殿下のご誕生であった。その直後、別室でお待ちになっていらした陛下のもとへ堤医師がご報告に向かった時のこと。

すぐに陛下が雅子さまとお子様のもとへ駆けつけられると思っていたところ、湧き上がる喜びを滲ませながら陛下はこう仰ったという。

「先生が教えてくれた通りに物事が進み、安心してお任せすることができました。先生にお願いして本当によかった」

そのような時にも感謝とお心遣いを忘れない天皇陛下のおそばで、常にその在りようをご覧になっているからこそ、愛子さまはあのように気品あるお優しい女性にお育ちになったに違いない。そう感じるエピソードである。

そして私は、皇太子家に最初にお生まれになったお子様が男女どちらであろうとお世継ぎとなれる未来を、願わずにはいられなかった。

人を愛し、人から愛されるお人柄が滲み出ている愛子さまの書かれた文章

天皇皇后両陛下がご両親として何よりも望まれたのは、人を愛し、そして人からも愛される人間となることであったが、愛子さまはまさにそのようにお育ちになられた。

それはこれまでに愛子さまが書かれた文章などを拝見すると一目瞭然で、文章にはみずみずしい感性と共に、平和を希求するお気持ちが溢れている。

以下は、愛子さまが学習院女子中等科を卒業するにあたり、記念文集に書かれた「世界の平和を願って」と題した作文である。すでに読んだ方も多いとは思うが、未読の方にぜひ読んでいただきたく、そのまま転記させていただく。

「世界の平和を願って」

卒業をひかえた冬の朝、急ぎ足で学校の門をくぐり、ふと空を見上げた。雲一つない澄み渡った空がそこにあった。家族に見守られ、毎日学校で学べること、

友だちが待っていてくれること……なんて幸せなのだろう。なんて平和なのだろう。青い空を見て、そんなことを心の中でつぶやいた。このように私の意識が大きく変わったのは、中三の五月に修学旅行で広島を訪れてからである。

原爆ドームを目の前にした私は、突然足が動かなくなった。まるで、七十一年前の八月六日、その日その場に自分がいるように思えた。ドーム型の鉄骨と外壁の一部だけが今も残っている原爆ドーム。写真で見たことはあったが、ここまで悲惨な状態であることに衝撃を受けた。平和記念資料館には、焼け焦げた姿で亡くなっている子どもが抱えていたお弁当箱、熱線や放射能による人体への被害、後遺症などさまざまな展示があった。これが実際に起きたことなのか、と私は目を疑った。平常心で見ることはできなかった。そして、何よりも、原爆が何十万人という人の命を奪ったことに、怒りと悲しみを覚えた。命が助かっても、家族を失い、支えてくれる人も失い、生きていく希望も失い、人々はどのような気持ちで毎日を過ごしていたのだろうか。私には想像もつかなかった。

最初に七十一年前の八月六日に自分がいるように思えたのは、被害にあった人々の苦しみ、無念さが伝わってきたからに違いない。これは、本当に原爆が落ちた場所を実際に見なければ感じることのできない貴重な体験であった。

その二週間後、アメリカのオバマ大統領も広島を訪問され、「共に、平和を広め、核兵器のない世界を追求する勇気を持とう」と説いた。オバマ大統領は、自らの手で折った二羽の折り鶴に、その思いを込めて、平和記念資料館にそっと置いていかれたそうだ。私たちも皆で折ってつなげた千羽鶴を手向けた。私たちの千羽鶴の他、この地を訪れた多くの人々が捧げた千羽鶴、世界中から届けられた千羽鶴、沢山の折り鶴を見たときに、皆の思いは一つであることに改めて気づかされた。

平和記念公園の中で、ずっと燃え続けている「平和の灯」。これには、核兵器が地球上から姿を消す日まで燃やし続けようという願いが込められている。この灯は、平和のシンボルとしてさまざまな行事で採火されている。原爆死没者慰霊碑の前に立ったとき、平和の灯の向こうに原爆ドームが見えた。間近で見た悲惨な原爆ドームとは違って、皆の深い願いや思いがアーチの中に包まれ、原爆ドームが守られているように思われた。「平和とは何か」ということを考える原点がここにあった。

平和を願わない人はいない。だから、私たちは度々「平和」「平和」と口に出して言う。しかし、世界の平和の実現は容易ではない。今でも世界の各地で紛争に苦しむ人々が大勢いる。では、どうやって平和を実現したらよいだろうか。

何気なく見た青い空。しかし、空が青いのは当たり前ではない。毎日不自由なく生活ができること、争いごとなく安心して暮らせることも、当たり前だと思ってはいけない。なぜなら、戦時中の人々は、それが当たり前にできなかったのだから。日常の生活の一つひとつ、他の人からの親切一つひとつに感謝し、他の人を思いやるところから「平和」は始まるのではないだろうか。

そして、唯一の被爆国に生まれた私たち日本人は、自分の目で見て、感じたことを世界に広く発信していく必要があると思う。「平和」は、人任せにするのではなく、一人ひとりの思いや責任ある行動で築きあげていくものだから。

「平和」についてさらに考えを深めたいときは、また広島を訪れたい。きっと答えの手がかりが何か見つかるだろう。そして、いつか、そう遠くない将来に、核兵器のない世の中が実現し、広島の「平和の灯」の灯が消されることを心から願っている。

「平和とは何か」ということを考える原点がここにある。「平和」は、人任せにするのではなく、一人ひとりの思いや責任ある行動で築きあげていくもの――こんな深みのある文章を書ける中学生が、はたしてどれほどいるだろうか。

また、同じ中学時代、愛子さまはオリジナリティ溢れる短編小説も書かれている。それは学習院女子中等科・高等科の「生徒作品集」（平成26年度版）に掲載された作品である。テレビの皇室担当解説委員の番組でも紹介され、現在は雑誌やインターネットでも読むことができる。私も実際に読んでみたが、動物たちの小さな命を大切に思うお気持ちが文章から滲み出た、まさに愛子さまの慈愛に満ちたお人柄から生まれたファンタジーであった。

この作品は、正式な許可を得て公開されているものではないので、本書では全文の掲載は控えるが、愛子さまはこのように文才をお持ちで、学業もトップクラスでご優秀であるということはつとに知られている。特に国語がお好きで、皇后雅子さまの影響で英語も得意でいらっしゃるなど、そのご聡明さについては誰の目にも明らかである。

愛子さまが立太子されれば明るい光が差し込んで、世界的にも高い評価が得られる

　このように国民から愛されるお人柄やご聡明さにおいて比類のないお方が天皇家の直系長子であるのに、もし女性というだけで皇太子の座を閉ざされてしまうとしたら、まさに国民・国家にとっての大きな損失と言わざるをえない。

　片や、愛子さまが立太子されて天皇への道が開かれたら、皇位継承の危機も少なくなり、日本国内に一気に明るい光が差し込むと共に、民主主義国家として世界的にも高い評価を得ることだろう。現在、ヨーロッパ王室は、すでに男女の区別のない長子継承制に移行しているという。その事実を関東学院大学の君塚直隆教授は著書でこのように述べられている。

『二十一世紀の現代に広く行き渡るようになった観念が「男女平等」という考え方であり、１９７９年のスウェーデンを筆頭に、オランダ(83年)、ノルウェー(90年)、ベルギー(91年)、デンマーク(２００９年)、ルクセンブルグ(２０１１年)、そしてイギリス(２０１３年)と、ヨーロッパ王室は次々と「絶対的長子相続制」を採用した。

あと30年ほど経過すれば、ベルギーのエリザベート（2001〜）、オランダのカタリナ＝アマリア（2003〜）、ノルウェーのイングリッド・アレクサンドラ（2004〜）、スペインのレオノール（2005〜）といった具合に、愛子内親王（2001〜）と同世代の王女たちが次々に各国で「女王」に就くことになる。その前に、2017年に40歳を迎えたヴィクトリア皇太子（1977〜）が、まずは同国で300年ぶりの女王となることだろう。

アジアの王室でも女性の継承権が認められつつある。いまだに男尊女卑の傾向が強いイスラームを信奉する国々では難しいが、タイでは1974年の憲法改正により王女へも王位継承権を与えると書き換えられたため、現在では女性の継承権も可能になっている。』

（『立憲君主制の現在』君塚直隆、新潮選書）

こうした世界的な流れは、まさに人々の精神的進化を促す時代の要請だろう。力こそが正義で、戦いにあけくれる時代であれば、元首は男性でなければならなかったかもしれない。日本も明治時代のように天皇が軍人のトップ、日本軍の大元帥であれば、男性がふさわしかったのだろう。

しかし現在の天皇は日本の象徴であり、祭祀を行なうお方である。そして今を生きる私たちが望むのは、お互いの違いを認め合って平和を保ち、皆で争いを起こさないように共生する未来である。

そのため私たちが心から世界平和を望むのであれば、慈愛と聡明さに満ちた女性に未来の天皇になっていただき、世界各国の平和を望む女性君主たちと連携していただくことが理想的である。

そうなれば政治的にも平和を構築しようという気運が高まるのではないだろうか。

20歳の誕生日を迎えられた愛子さまのご感想には、神々に捧げる祈りの原点がある

愛子さまにとっては、これまでお辛い時期が何度かあったが、それを乗り越えて来られた。

雅子さまは皇太子妃だった頃から心ないバッシングを受けられ、今もご療養が続いているが、そのバッシングが愛子さまにまで及んだり、学校の乱暴な生徒のいじめによって学校に行けなくなられたこともあった。

それでもそうしたご経験をすべて糧にされたかのように、愛子さまは立派に成長された。

とりわけ、それが感じられたのが、２０２１年12月１日、20歳のお誕生日を迎えられた時

の愛子さまのご感想である。

そのお言葉は、宮内庁のホームページに掲載されているので、ぜひまだの方は読んでいただければと思う。

そのお言葉を聞いて私は、まさにノブレス・オブリージュ（高貴なる者の果たすべき社会的責任と義務）を、両陛下のもとでご幼少時から身につけてこられた方であると感じた。諏訪大社で「スメラミコト誕生！」という驚くべきメッセージを聞いてしまった日から二十数年。

愛子さまのお言葉や姿勢の奥には、決して他の人には見られない天皇としての資質、すなわち、アマテラスの霊統を継いで神々に祈りを届ける、高貴な精神が確かにおありになると感じたからである。

次の天皇は女性。愛子さまのご誕生は神の計画であった！

愛子さまをこの世に送り出し、お育てになられた皇后陛下雅子さまは、とても重要なお役目を持って民間から皇室に入られたお方だと思う。

ハーバード大学をご卒業され東大へ、その後すぐ外交官になられてご活躍されていたご優秀な雅子さまは、皇太子妃候補だった当時、まさに才色兼備。テレビでちらっと拝見した私から見ると、いわゆるかっこいい女性で、誰にも媚びない凛とした美しさが印象的だった。

しかしあれから時が経ち、今の私が感じるのは、雅子さまは知的なだけではなく大の動物好きで涙もろい一面がおありのお優しいお方であろうということである。だからこそ当時の皇太子さまは雅子さまに強くお心惹かれたのではないだろうか。

だが、雅子さまはお世継ぎ問題のプレッシャーの中、ご結婚の６年後の１９９９年には流産を経験され、その後も心身共にご心労を伴う中で、２００１年にようやく愛子さまをご出産された。

それまで皇室の環境に適応しようと努力されてきたご負担や、心ないバッシングなどの影響もあって、雅子さまは２００４年以降、適応障害のために療養生活に入ることになった。それでも、最も体調がすぐれない時期でも愛娘への思いを和歌に表すなど、愛子さまに対してずっと変わらず母親としての愛情を注ぎ続けて来られていらっしゃる。

こうした経緯からも分かるように、実は皇后陛下雅子さまは、男子を生まなくてはならなかったのではなく、新時代の皇太子となる女子、ご立派な内親王を授かり、天皇陛下とともにお育てになるという非常に重要なお役目をお持ちの方だったのだと思う。

つまり、令和の時代において神様が望まれた皇太子は実は皇女であって、すべては新しい時代への岩戸を開くための神の計画であったということだ。

これまで述べてきたすべての不思議な経緯により、私にはそうとしか思えないのである。

伝統とは何か

私は、伝統の中には、引き継ぐべき普遍の精神と、時代に即して変えていかなくてはいけないものとがあると考えている。

例えば、イスラム教徒の男性の中には、女性が顔を出すことを禁じ、外では必ず黒いブブカやニカブ、ビジャブなど黒い衣装で顔を隠さなければならないと主張する人々がいる。昨年秋には、ビジャブ着用を義務付ける法律に違反したとして、テヘラン道徳警察に逮捕拘束され、亡くなった22歳の女性がいた。警察側は彼女が心臓発作を起こしたと主張しているが、直前まで健康であったため、頭部を殴打された可能性があるという。

もちろんこのような強制は、自由世界の女性には考えられない。日本の女性であれば「やだぁ！　ありえなーい」でおしまいである。しかしそれが伝統なのだと主張を続ける男性にとっては、宗教上の理由なのか男尊女卑思想で凝り固まっているのか、決して変えてはならない伝統なのである。

それゆえきっと説明を求めれば、とうとうと声高に歴史的、宗教的な持論を述べるだろう。もちろんそれが、女性を苦しめると分かった上でである。

彼らの本音は女性の人権など認めたくないというところにあるのだろうが、なぜか女性の中にも少数ながら何事も変えたくないという超保守的な人はいるので、それを支持する女性も中にはいるのかもしれない。

ただ余談だが、自信のない男性こそが男尊女卑思想に凝り固まっているというのが私の持論である。幸い私が身を置く音楽業界においては、長い年月、私が男尊女卑を感じたことは一度もない。まぁ現在は、一般的にも若い世代においてはそのような人はほとんどいないとは思う。

いずれにしても、主張は人によっても時代によって異なるものだが、私は、伝統全てをないがしろにしていいとは思っていない。日本の宝である美しい伝統、人々に喜びや感動を与える伝統は守り続けていただければと思う。

例えば、日本古来の芸術や、古典芸能もそうだろう。相撲の土俵に女性が入れないことも、私は別に問題ないと思っている。しかしながら救命のために女性救命士が土俵に入ったことを咎めるのは間違いである。海外でも呆れられていたが、人命よりも尊い伝統や規則などはないはずだ。

すなわち、誰かを苦しめる伝統、無理をしなければ続かない伝統、生命倫理に反する行為を必要とする伝統などは因習であり、悪しき伝統と言わざるをえない。

雅子さまのお子様が内親王であったとき、前述したように私はこのお方が将来の天皇ではないかと思い、心から祝福した。多くの国民も皆、心から喜んでいた。テレビで「愛子さま〜、愛子さま〜」と呼ぶ多くの人々の声を今も覚えている。多くの国民は、当時の皇太子ご夫妻の会見を見て、涙ぐまれる雅子さまを見て、心が温かくなったものだ。

しかしその後、当時の宮内庁の方の発表を知って、私はひっくり返るほど驚いた。「もう一人、欲しい」とか、「秋篠宮家にもう一人、期待したい」などというデリカシーが1ミリもない雅子さまを傷つける発言、失礼極まりないハラスメント発言には文字通り愕然とした。おそらく今であったら、もっと非難されていたに違いない。

その後、雅子さまは体調を崩された。そして、やがて当時の皇太子殿下の人格否定発言があった。そのことについての真実は私たちには知る由もないが、今上陛下が断固として発言されたことは大変ご立派で感動的であった。しかし、畏れながらそれだけ切羽詰まっていらっしゃったのではないかと拝察する。

今後も、将来、例えば皇室に入られる若い女性がいたとしても、男児を産むことを強要され、倫理的に許されない産み分けをさせるなどは決してあってはならない。女性の身体に負担をかけることを、半ば強要するなど断じて先進国のすることではない。またそれが分かっていながら、皇室に入る心ある良家の子女などいないであろう。

私はいつも思うのだが、「未来志向」の人間は、時代に吹く風に敏感で、軽やかに前を向いて生きている。「過去志向」（そんな言葉はないが）の人だけが残念な因習にこだわって同じ場所にとどまっている。そして時代の風に乗って進んでいる人の方が現実も上手くいく。つまり運もよくなるのだ。これは個人だけに限らず、集団や国家にも言えると思う。

ちなみに２０２２年の世界経済フォーラムが発表したジェンダーギャップ（男女格差）を分析した報告書によると、日本は１１６位、（前年は１５６カ国中１２０位）であり、主要７カ国（Ｇ７）では最下位だった。さらに東アジア太平洋地域19カ国でも日本は最下位であった。

変化は進化のプロローグ

皇室はこれまで、いろいろと変わってきた。そのことを考えていてふと思い出したのが、私の昔の思い出である。

私は学生時代、赤坂の東宮御所の職員住宅にお住まいだった黒木東宮侍従長の奥様から華道を習っていたことがある。その小原流華道の社中には、私のような跳ねっ返りタイプはあまりいなかったと思うが、お稽古の帰りに友人たちとお茶したり、新年会や華道の会が霞会館（元華族の方々が集う会館）で行なわれたり、普段では垣間見られない場所に参加するのも面白く、先生のお名前を一文字いただいた師範の名前と小原流の看板までいただいた（今は到底教えることなど無理である）。

そこで、先生の伴侶でいらした侍従長にもお目にかかったが、西郷隆盛の弟である西郷従道のお孫さんにあたられる方で、優しく上品でありながら豪放磊落な方であった。

黒木侍従長は、私がお稽古に通っていた時期にお亡くなりになったが、そこで知り合ったお弟子さんから聞いた話では、上皇陛下と上皇后陛下がご成婚された当時、まだお若かった侍従として、ご成婚のために懸命に奔走されたとのことだった。なぜなら当時は元皇族でも元華族でもなかった民間人の美智子さまが皇室に入られることには、大変な反発があったからだという。

現在の宮内庁にもそのように奔走される方がいるのかどうか私には分からないが、その話を聞いて当時若かった私が感じたのは、選びに選んだはずの皇太子妃候補を反対した方々がいたことへの驚きだった。

しかし今になって思えば、上皇后美智子さまは大企業の創業者ご一家のご令嬢であっても民間ご出身のお方である。それ以前のお妃は皇族か一部の華族の方しか許されていなかったのだから大きな変化となり、当時はそのことを受け入れられない人がいたとしても不思議ではなかったのだろう。

その後、ご結婚された上皇ご夫妻は、初めてお子様方をお手元で育てられた。また近年、上皇陛下は初めての生前退位をされたことも記憶に新しい。

さらに時を遡れば、昭和天皇はお生まれになったお子様が四名続けて内親王であったことから、周囲から側室をと勧められたが、「そのようなことは人倫に悖(もと)る」とおっしゃって、お断りになったという。側室などという存在は、現代から考えればまさに隔世の感があるが、つまり１００年近くも昔となれば、今とは全く違う価値観の時代だったのだ。だが、これからの時代は、何度でも言うが、人を苦しめ傷つける因習は変えていかなければならないだろう。

苦しみからはしばしば悲劇が起こる。無理を押し通すことからは争いが起こりうる。そしてそれらは誰かを犠牲にし、不幸を生む。

芸術的な伝統や楽しめる伝統は大切であるが、それは幸せに生きる人々があってこそのものであって、人が苦しむほど無理があることならシフトして行くことこそ、後々の人々のため、未来のために必要なのではないだろうか。

今後、今の幼い子どもたちが大人になった時代には女性・女系天皇賛成の人がもっと増えているかもしれない。その時になって、やっと女性天皇を認めるとしても、その年齢になった愛子さまにお願いするのは困難である。愛子さまがお若い今、今上陛下の直系長子であるご聡明な皇女（ヒメミコ）からその可能性を外すことはあまりにももったいない。

皇室が国民から敬愛されなくなり衰退した将来、その時が来てから後悔しても遅いのである。

日本が誇る伝統とは、明治時代になって初めて明文化された男系男子継承ではない。皇統が続いて、「国民から敬愛される世襲の天皇陛下がいらっしゃること」である。それこそが我が国の幸せな伝統であり、おそらく海外の王室もそう認識しているはずである。そして、皇室、皇族とはあくまでも天皇陛下を支えるために存在している。

私は、愛子さまには人としても女性としてもお幸せになっていただきたいと心から願っている。

将来の天皇ともなれば大変なお役目だが、類い稀な品格もご聡明さも天皇陛下と皇后陛下から受け継いだものである。ゆえに私はご覚悟がおありだと思うし、将来は、愛子さまを支えてくれ、ご一緒にいるとお互いが笑顔になれるような方、両陛下も心から祝福してくださるようなパートナーがきっと現れるのではないだろうか。なぜなら幸せなご縁こそ、神々の祝福とお導きによるものだからである。

そしてまだ先のことであろうが、愛子さまがいつかご結婚され、お子様を授かる時が来たら、そのお子様が男女問わず天皇家をご継承されることが最も自然であると思っている。

私は仲のよい天皇ご一家のご様子を拝見すると心が温まり、平和とは何かを考える。平和とはまず小さな共同体から作るのが望ましいのだ。夫婦、家族、友人、仲間といった小さな集団から小さな調和を実現することが第一歩である。それはまるで音楽のようだと私は思う。心地よい音楽やハーモニーは、各々の楽器や歌声が調和することによって生まれる。その旋律は聴いている人に悦びを与え、癒しや希望、勇気さえもたらす。一人一人のミュージシャンや歌手が力を合わせ心を合わせることによって美しい音楽は生まれ、流れ、広がってゆくのである。

それゆえ私はその調和を少しずつでも実現させるために、平和を希求する信頼できるお方に皇太子となっていただきたいと思うのだ。

何かを変えることには常に反発があり、逆風が吹くものである。ある意味、変化しないことは楽だが、変えざるをえない状況になるということは、時代がそれを求めているからに他ならない。そして、何かを変えるにはどんな場合もエネルギーが要る。

しかし、私たち人間はこれまで変化してきた。明治時代の文明開化によって、刀を差して歩いている人などいなくなったように、大正時代、皇室に側室がいなくなったように、昭和の戦後、日本が大きな苦しみを経たのちに民主主義の国になったように、外面も内面も価値観も時代とともに変化していくのだ。

そして、それが良い変化であれば、「変化」は、精神的な「進化」となるのである。

２０２３年３月――導かれて和気清麻呂ゆかりの京都へ

1. 護王神社の白い猪

この原稿の執筆が終わりに近づいた２０２３年の３月初め、私は急に仕事で京都へ行くことになった。当初はとんぼ帰りしようと思っていたが、そうだ、この機会に以前から行きたいと思いながら時間がとれず行かれずにいた護王神社（和気清麻呂と和気広虫を祀る神社）、そして和気清麻呂の霊廟にお参りに行こう！と考え、急遽二泊の予定を立てた。

この時期に京都に行くことになった流れは、偶然ではないかも！と思ったからだ。

ところがいつもは不死身（？）の私が、２月の後半から体調を崩してしまった。急に腰の右側全体が痛くなり、38度４分の発熱。帯状疱疹だった。発疹はよく見ないと分からない小さいものが二つ出ただけだったのに痛みだけは強く、一晩中眠れないほど。皮膚科に行って処方された薬を飲んだもののすぐに治るはずもなく、痛み止めを飲んでこんこんと長時間眠った。そのせいかギリギリでほぼ回復したので、京都に詳しい友人に声をかけて一緒に行ってもらうことにした。

チェックイン後、私たちは和気清麻呂を祀る護王神社へ向かった。ホテルから歩いて行

護王神社（京都市上京区）の
和気清麻呂像と筆者

くと見えてきた神社の塀には、和気清麻呂がいかにして皇統を守ったかの経緯が記された絵巻が横に並べて貼ってあり、入口には狛犬ではなく和気清麻呂を守った猪、つまり狛猪が鎮座していた。それ以外にも、あちこちで目にしたのは多くの猪。手水舎にも猪がいる護王神社は、足腰の守護神とされ、足腰の怪我や病気の人がたくさんお参りに来られるという。

なぜ足腰の守護神かと言うと、和気清麻呂が流罪になり鹿児島へ向かう途中のこと。道鏡の放った刺客に暗殺されそうになった上、さらには途中で足が萎えて動けなくなってしまった時、３百頭の猪が現れ清麻呂の行く道を安全に誘導、やがて到着した頃にはすっかり治っていたという言い伝えによる。（48〜49ページ参照）

私の帯状疱疹による腰の痛みなど和気清麻呂の味わった痛みや苦しみには遠く及ばない

だろうが、それでも腰の痛みに悩まされて完治しきっていなかった私には、シンクロを感じる守護神には違いなかった。

私たちは鳥居をくぐり、ご神前で手を合わせ、和気清麻呂の銅像を見て撮影をし、しばし境内を歩いた。そして、そろそろ帰ろうかと振り向いて、あっ！と驚いた。空に猪がいたからである。いや、それは空に浮かんだ白い雲だったのだが、明らかに耳もあり目もあった。

そこで私は友人のコートの袖を引っ張って、「あれ、見てぇー！」と叫ぶと、彼女も振り向き「あーっ、すごい！」と大きな声をあげた。それくらい大きく、神社に鎮座していたのとよく似た猪のかたちの雲だった。その後、慌ててスマホで撮影したものの見た瞬間よりは少し形が崩れてしまった。それでも撮影した写真をぜひ見ていただければと思う。

（次ページ）

和気清麻呂が３百頭の猪に救われた言い伝えを知ってから、私はなぜ猪なのだろう？何かの、もしくは誰かの象徴だったのだろうか？　などと考えをめぐらせていたが、この空の猪を見て、もしかしたら猪は本当に使命を全うした和気清麻呂を救うために現れた、神様の使いかもしれないと思った。

イノシシの雲

現実的に考えてみると、3百頭の猪が和気清麻呂の輿（乗り物）の周りを取り囲み、十里の道を道案内したかどうかは定かではないが、猪が群れで現れたことによって、刺客が逃げた可能性はある。また刺客に突進したのかもしれない。その猪こそ八幡大神の使いであったということである。それを示すために今回、白い猪はお姿を現してくれたのかもしれない。

ちなみに東京に帰ってから調べてみたところ、白い猪は今も「神の使い」と呼ばれているということが分かった。

やはり第2章に前述したように、昨年の4月、九州の大尾神社で瞼の裏側に現れた白い長方形の紙、そしてそこで聞いたメッセージ「勅」は、八幡大神（応神天皇？）からの勅（みことのり）だったのだろうか。

そのようなことを考えながら、私は空を仰いで、形を変えてゆく天の猪に感謝し、護王神社をあとにした。

2. 和気清麻呂の霊廟へ行く道、そして――

その翌日は夜に仕事の会合があったため、午前中から和気清麻呂の霊廟のある神護寺に行くつもりだった。だが私には不安があった。と言うのもホテルのフロントやタクシーの運転士さんにも聞いてみたところ、霊廟のある神護寺にタクシーで行けるのは下までで、そこからはずっと歩いて行くしかない。しかも途中まで行ったあと、お寺までは長い急な石段を登らなくてはならないと言うのである。

もちろん普段であればためらうことなく歩く。だが前日まで寝込んでいた病み上がりであり、医師からもまだあまり無理をしないようにと言われていた。またその日の夜には仕事の会合があるので、霊廟参拝で体力を使い果たし寝てしまうわけにもいかなかった。

しかし、天の祐(たす)けがあった。前夜、護王神社の帰りに別行動をした友人がホテルに帰る時に乗ったタクシーの運転士さんに話してみたところ、通行証が必要な道路があり、そこを通れば神護寺の入り口まで車で行けると教えてくれたというのだ。そこは一般には知らない人も多いが、観光タクシーの運転士さんなので通行証を持っているという。その情報は、ホテルの人やその前に乗ったタクシー、ネットなどからは得られなかったので、病み上がりの身には本当にありがたいラッキーな情報だった。

そして朝、ホテルまで迎えに来てもらい、無理することなく無事に神護寺に到着。和気清麻呂によって建立された神護寺は、高雄山の中腹にある真言宗の古刹で、秋には紅葉が見事だという。

また、神護寺のホームページの記載によると、『平安時代から鎌倉時代初期にわたる多くの寺宝や日本三大名鐘（しょう）の一つとされる梵鐘を有する。境内最奥の地蔵院から眺める錦雲渓は、雄大な自然も格別で、厄除けの「かわらけ投げ」を楽しむことができる』（神護寺公式サイトより）とのことで、私たちも入り口で土器のような小さなお皿を2枚ずついただき、見晴らしの良い指定のところから厄除けのかわらけ投げをした。

そして広い境内を歩き回り、友人が御朱印をもらいたいというので、靴を脱いでお寺の本堂に入ってみた。するとたまたま和尚（わじょう）さまがいらして、和気清麻呂に関する貴重な話を色々と伺うことができた。

その後、再び外に出て和尚さまから教えていただいた道を歩いていくと、木々の奥に和気清麻呂のお墓、霊廟が静かに佇んでいた。私は手を合わせ、無事ここに来られたことに感謝して祈りを捧げた。

その日の天気予報は雨だったので覚悟はしていたが、雨は降っていないものの空はどんよりと曇って暗く、とても寒かった。しかししばらく瞑目して手を合わせ、目を開いて驚いた。空の灰色の扉が開いたように、さんさんと太陽の光が降り注ぎ、突然眩しい青空が広がっていたからである。

それは、今回の旅は導かれた旅に違いないと再び感じた瞬間だった。

だが翌日、仕事を終えて帰宅した翌朝、またも私は発熱した。完全回復していない身で、一日一万歩以上歩き、仕事の会合や視察もこなしていたので正直、クタクタではあった。

しかしぐっすり眠ったところ翌朝は平熱に下がり、同時に、残っていた腰の痛みも消え去り、白い猪の救けなのか、太陽の浄化なのか、力をいただいたように私はすっかり元気になっていた。

急に出張しなくてはならなくなり、訪ねた京都の和気清麻呂ゆかりの場所で、再び私は目に見えない力や神様からの応援を感じることができた。

そして、皇統を守った和気清麻呂のような立場にはいない今の私にとっては、やはりこの不思議な体験と、それによって生まれた確信を皆さんにお伝えすることは「勅（みことのり）」なのだと念を押された気がした。

同時に、今こそ時代の変わる過渡期であり、早く岩戸開きを始めなければならないと天から言われているとも感じたのである。

新時代のアマテラス

岩戸を開いて闇を照らすのは、もちろん日本では古来より太陽神アマテラスであり、この女神は民の安寧と幸せを願う聖なる母性の象徴でもある。多くの人々を優しく包み込みながら、太陽のような温かい眼差しを注ぐことのできる存在。それこそが人々が待ち望んでいる「新時代のアマテラス」。私がこれまでに体験してきた不思議な出来事の意味も、まさにその一点につきる。

それは、新たな時代に向けての岩戸開き・女神アマテラスの復活であり、人類が戦争という暴力の連鎖がやまない暗闇の世界から抜け出すために、まずは私たち日本国民が力を合わせ、岩戸を開けて現代の輝ける太陽・アマテラスに出ていらしていただくことが必要なのだ。

そうすれば、どんよりと曇った空にも希望の光が差し込んで、いつか人々がお互いを認め合いながら、平和に共存できる世界へと変わっていける一歩にもなりうる。

さまざまな予言も科学的な予測もあるが、まだ未来は決まっていない。色々な可能性は私たちの手の中にあるのだ。そして私たちは今、まさに岐路に立っているのである。

私自身も今世生きている限り平和を希求し、小さな役目を果たしたいと思う。アメノウズメのように音楽で岩戸を開くお手伝いを微力でもしたいし、お役に立てるように皆さんを癒したり、力づけるような作品づくりをしなくてはとも考える。

今、私と同じように平和を願い、それぞれの立場や環境の中でご自身ができることを地道に実行されている方もきっと多いだろう。ならば、岩戸を開くために、同じ思いと声を結集することで、新時代のアマテラスにご登場いただくことができるはずだ。

そうすれば、神様のお計らいによって必ずや皇統の危機は回避されることだろう。それはきっと新時代の岩戸開きにも繋がる。

そのために、ぜひとも愛子さまに立太子していただき、この世の暗闇を照らす希望の光となっていただきたい。

私は今、切にそう願っている。

第4章

対談

数々の神秘体験と皇室への思い

さて、ここからは漫画家の美内すずえさんにご登場いただいて、今回の本のテーマに沿って二人で対談した内容をお届けしたいと思います（対談日：令和4年5月5日）。

美内すずえさん（左）と著者

■美内すずえさん　プロフィール

1951年生まれ、大阪市出身。16歳で漫画家としてデビュー。1976年にスタートした『ガラスの仮面』（白泉社）は、累計部数5000万部を超え、TVアニメ化、ドラマ化、舞台化されるなど、少女漫画界を代表するロングセラー作品として幅広い層から支持を集める。

また、スピリチュアルな世界への造詣も深く、自身の神秘体験を踏まえた作品『アマテラス』シリーズは、ファンの間で大きな反響を呼び、2021年に画業55周年を飾る新装版としてKADOKAWAより復刊された。現在、大阪市内でエンターテイナーの育成や舞台・ライブイベントを行なう「アカルスタジオ」を主宰。

著書『見えない力―美内すずえ対談集』（世界文化社）

最初にピンと来るものがあるかどうかで決まった『アマテラス』のアルバム化

編集者　まず、27年前に森さんが『アマテラス』のイメージアルバムを作りたいと美内先生に打診をされた時の話からお聞かせください。

森（著者）　私が最初に『アマテラス』の原作を読んだ時、これは今の世の中にとってとても重要なことが描いてあると思ったんです。それでこれを音楽にしてCDアルバムにしたいと思い、企画書を書いて、当時の所属事務所から出版元の角川書店を通して美内先生にお送りしました。

いま思うとつたない企画書だったと思いますが……。そうしたら、それを読んだ美内先生が直接、会ってくださるということになって、ドキドキしながらお会いしました。美内先生はすぐにこちらの趣旨を理解してくださって、一緒にイメージアルバムを制作することになり、それからおつきあいが始まったんですね。それがきっかけで「美内さん」と呼ばせていただく関係になって、今はお友だちとしてとても仲良くさせていただいています。

美内さん（以下、敬称略）　森さんからのオファーがある前に、角川書店を通して私のほうに何社から音楽化したいというオファーをいただいていたんですが、どの企画書を読んでもピンと来るものがなかったんです。

でも、森さんの企画書を読んだ時にはピンと来るものがあって、角川の担当者の方にこの人にお会いしてみたいと言ってお会いすることになったんですが……あれは確か1995年でしたよね?!

森　そうです、1995年です。今も忘れません、吉祥寺の第一ホテルでお会いしました。

美内　そうそう、ホテルでお会いしていろんな話をして、森さんが天河神社のこともご存知だったので、これはうまくいきそうだなと思ったんです。

そんなご縁と最初にピンと来るものがあるかどうかで決まったんですが、そのようなことはたぶん読者の皆さんにもあると思いますが、だいたい最初は直感的なことで動くことが多いですよね。

森　そうですよね、直感。

美内　そしてその直感が、今現在まで続いているわけです（笑）

森　それまでに、美内さんの『ガラスの仮面』や『宇宙神霊記』というご著書も愛読していましたが、『アマテラス』を読んだ時はこれは本当に日本にとって必要な内容で、すぐに音楽にしたいと衝動的に思ったんですよね。

美内　ありがとうございます。そもそも、私がそういう漫画を描こうと思ったのは子どもの頃から神秘体験をすることがすごく多かったのと、特に1980年代はバブル時代に向かっていて、お金やブランド品に憧れて派手な生き方がいいというような唯物的な価値観が広がっていたので、私の中では「それは違うよ」と思っていたからなんです。

子どもの頃から幽体離脱をしていたので、肉体だけがすべてじゃないと思っていたし、直感的に動くことで物事がうまくいったり、正夢なんかも含めて、見えない世界が私たちの生活や人生に深く関わっているなということを強く感じていました。

なので、自分の中に何かやらなくちゃいけないなという感覚がずっとあって……。それは、見えない世界がどれだけ大事かということや、人の魂は何度も生まれ変わっていろんな人生をくり返していて、その中で培ったものを表現したり、悪い縁を良い縁に変えていくことの大切さに気づいてほしい、といった感覚ですね。

それで、自分は何をしたらいいんだろうと思っていたんですが、16歳の時に漫画家としてデビューしたあと、17歳の時にこのままだと人類が滅びてしまうんじゃないかと思える強烈な夢を見たんです。

それと夢の中でたくさんの宇宙船と出遭ったり、まだアポロ宇宙船が月面に着陸する半年くらい前に、私が宇宙船に乗っていて仲間とテレパシーで交信しているというすごくリアルな夢も見ました。

その宇宙船に乗っていた時に、アフリカに降りたというシーンもはっきりと覚えていて、夢から覚めた後、「あれっ、今のは何だったんだろう?!」と思って地図で確認したら、ジンバブエ辺りだったんです。

森

不思議なんですが、私もヒプノ(注:催眠療法)でジンバブエ辺りに降りたとサーキュラーから聞いていたので、とても驚きました。

『アマテラス』を描いた唯一の理由

美内　そんな体験をしていたのと、きっと私と同じような体験をしている人たちも多いはずだと思いつつ、世の中の動きを見ていてもやっぱりこのままじゃいけない、とにかく何かしなくちゃいけないという思いが強くなりました。
　そこで私にできることは何だろうと思ったら、やはり漫画家だから漫画を描くことしかないだろうと……それで『アマテラス』を描くことになったんです。

森　それがすごいですよね。

美内　描こうと思ったら、最初にワンシーンがパーッと浮かんできて、セーラー服を着た女の子が学生服を着た男の子と面と向かい合って、「あなたはスサノオなのね」というセリフを語っていて、そうだこれだ！　と思ってすぐに描き始めたんですね。
　古事記をベースにして描くことにしたんですが、私自身がムーやアトランティスの前世の記憶をリアルに覚えていたこともあって、古代にあった光と闇の戦いを通して自分の言いたいことを表現していこうと思って。

ところが、普通、漫画にはここでこういう展開にすると受けるというセオリーがあるんですが、描き始めていくうちに長々としたメッセージがどんどん出てきて……そうするとそんなふうには描けないわけです（笑）

雑誌の編集者は「ここで戦いのシーンを入れてもらえると、もっと派手な場面になるので」などと読者受けを狙って言ってくるんですが、私もそれはよく分かっている。でも描いていくうちに宇宙的なメッセージが出てくるようになったので、もう受け狙いは捨てようと思って、後半からはすべて書き下ろしになりました。

自分の感じたことを、そのまま表現するのが役割じゃないかという気持ちもあったので……。ようするに、『アマテラス』を描いた唯一の理由は、同じ仲間がこの地球上にいて、この漫画を読んでくれたらきっとそれが分かるはずだからという気持ちがあったからです。

森　やはり、そうだったんですね。私も音楽作品を創っている人間としてそれはよく分かりますし、セイリオスという音楽ユニット活動でも世界の平和をテーマとしているので、まったく同じ気持ちです。

『アマテラス』はエンターテインメントとしても素晴らしいですが、ストーリーの中に出てくるメッセージがとても大切だと感じていました。ただ、私が最初に『アマテラス』を読んだ頃は、岩戸開きについての認識は正直、まだ薄かったんです。

でも、これからの地球が変わっていかなきゃいけないというメッセージはすごく大事で、それを音楽としても伝えていきたいという気持ちがありました。

編集者　『アマテラス』がスピリチュアル界のバイブルだと言われている理由が何となく分かるようなお話でしたが、美内先生が太古の昔、宇宙船に乗って地球に降り立った時はどんな感じだったんですか？

美内　私の隣の席にもう一人座っていて、二人で宇宙船の窓から外を見ていたんですが、今でも忘れられないくらい宝石のようにすごく綺麗に輝いている地球が見えていました。

そんな美しい地球を見ながら、隣の人と「どこに降りようか」とテレパシーで交信して着陸地点を決めたんですが、私たちの後ろに他に3人くらいいて、合計5人乗りのような宇宙船でしたね。

最初に地球に来た時の仲間たちは、宇宙から見守っている

美内　その時一緒に地球に来た彼らはその後どうなったのかなと、ずっと気になっていたんですが、1987年に上との交流が始まって、「やっと気づいてくれたか」という感じで彼らが私にいろんなことを教えてくれました。

彼らは、今は地球に降りて来てはいなくて、私だけが地球の転生周期に入ったために地球で何度も生まれ変わることになったみたいです。私はときどき宇宙に還ることもあるけれど、また地球に生まれるという体験を何度もくり返してきたようで、彼らがそれをずっと宇宙から見守ってくれている感じですね。

これまで私が地球で何をしてきたかについて彼らは全部知っていて、それを教えてくれたんですが、私は前世で物理学者だったと言われました。

「うそでしょ?!」と思ったんですが、彼らが言うのには「あなたは今の物理よりも進んだ超物理が分かっていて、地球人のことが大好きだからまたそれをやるといいよ」ともアドバイスしてくれました。

私は「そんなややこしいのはいらん、漫画家として生きていく」と思って（笑）。

でもそのせいか、幾何学的な図形を描くことが多かったり、宇宙の法則に興味があるのは確かですね。

彼らとのコンタクトは１９８７年以来しばらく続いて、その時に「地球ではまだ発見されていないけれど、本当に大事な物質があって、それが将来的に発見される。その物質が発見されれば、地球人が不思議や神秘と思っていた現象の謎が分かるようになる」と言われたんですが、たぶんそれはダークマターのことじゃないかなと今は思っています。

森　それは、メッセージとして受け取られたんですか？

美内　そうです、完全に会話のような形ですね。こちらから質問をするといろんなことを教えてくれました。ただ、何でもかんでもしつこく聞いていると頼りすぎるなという感じもありましたね。

でも、彼ら宇宙存在は常に見守ってくれているのは確かで、何かあるとポンと直感で教えてくれたり、彼らのおかげで何度も奇跡的な体験をしました。

編集者　その宇宙存在は、シリウスとかプレアデスなどの特定の惑星ではない？

美内　特定の惑星ではないんですが、その時に言われたのが、彼らは「第２の地球を創りつつある」と言っていて、その星はオリオン座の近くだとのことでした。

その惑星は、地球と同じように生命が生存できる環境になるので、もし地球に何かあればそちらに移行できるとも言っていました。

この話を理解してくれる人がなかなかいなかったのですが、40年以上天文学を専門にしている友人に話したら、唯一彼女だけが、「えっ、なんで美内さんそれを知っている?!」と驚かれたんです。

彼女の話では、オリオン座の方向にあるオリオン座ＧＷ星と呼ばれる三重連星は濃いガスと塵に囲まれていて、その中ですでに惑星が形成されている可能性があるらしいとのことです。

宇宙存在は、その他にも今の物理学を超えた話をいろいろ教えてくれたんですが、あまりにも専門的すぎて、それを漫画で描くのは難しいのと、皆さんの関心がもっとそちらの方に向いてこないと理解しにくいと思います。

宇宙は光のバイブレーションがさざ波のように漂っている

編集者　森さんは『アマテラス』の世界観を音楽で表現したいと思われたわけですが、美内先生は「音」に関してはどのように捉えていらっしゃいますか？

美内　昔から音にはすごく関心がありましたし、宇宙存在との交信でもよく音について話題にあがり、「音は神なり」とか「数は神なり」などと教えてくれました。

それとすごく印象深かったのは、彼らは、「自分たちは音を物質化することもできる。あなた方が耳で聴いたり体で感じている音は全体の中のごくごく一部にすぎず、本当はもっともっと大きなものだ」とも言っていました。

そんなこともあって、音の本質を確かめたいなと思っていたら、１９９０年代に入ってから、ある方から「日本語を研究されている当時80歳を過ぎた女性がいるので、ぜひ会ってほしい」と誘われたので、その方とお会いしたことがあったんです。

小野田早秧（さなえ）さんという小柄な高齢のご婦人でしたが、一日一食しか召し上がらない生活をされていて、矍鑠（かくしゃく）とした方でした。

その小野田さんが言葉や音についていろんなお話をしてくださったんですが、一番印象に残っているのが、「コトバは言葉と書きますが、本当は違うんですよ」と言われたことです。

どういうことかというと、コは光、トは透、バは波、つまりコトバというのは透き通った光（光透波）のことで、ようするに光のバイブレーション。「宇宙はその光透波（ことば）がさざ波のように漂っている世界で、それが使えるのは人間だけなんです」とおっしゃっていました。

そうすると、聖書（ヨハネ福音書）の冒頭に出てくる、「はじめにことばありき」というのを透き通った光（光透波）に置き換えたら、「神の意志は透き通った光の波」になるわけで、すごくよく納得できるわけですね。

つまり、その透き通った光の波が物質化してこの宇宙や世界ができているということです。小野田早秋さんにお会いできたことは、いま思うととても貴重な体験でした。

そんなことがあったのと、私も音楽が好きで、音のバイブレーションというものにとても関心があったので、森さんと一緒に『アマテラス』のCDをつくる時にはいろいろと提案させてもらいました。

1985年に天河(てんかわ)神社に行った時の話で、神業仲間も一緒でしたが、夜中に柿坂宮司に呼び出されて神殿に行ったんですね。

その時にご紹介したのが、石笛(いわぶえ)奏者の横澤和也さんなんですが、彼が天河神社で初めて石笛を吹いた時の最初の目撃者は、実は私なんです（笑）

そこに当時大学生だった横澤さんがいて、彼はそれまで天河神社でフルートや横笛を吹いていたようなんですが、その時に宮司さんが奥から石笛を出してきて、「これを吹いてみて」と横澤さんに手渡し、彼はそこで初めて石笛を吹いたようで、その時には息が漏れるような音しかしなかったんです。

でも、宮司さんは「それでええんや。今は吹けんでも」と言われ、それだけ石笛を吹くのは難しいということなんですが、私たちはそのやりとりを見ていて、横澤さんは天河神社の方だと思っていたので、挨拶程度で特に話はしませんでした。

その後、横澤さんは1992年ぐらいから個人的に演奏活動をされていたようで、私の友人の出版記念のパーティ開場でたまたま再会したんですね。そうしたら、その時の彼の石笛の演奏が本当に見事で、「えっー、どうしたの?」と驚くほど上達されていたんです。
石笛は西洋音楽のような音階はなくて、生命の息吹、つまりいのちの気を吹き込むことで独特の音階、高周波が発生するんですが、横澤さんの息吹がこちらの皮膚にまで響いてくる、そんな感じだったんですね。
それから、彼と一緒に神社に行ったり、ご神事をしたりするおつきあいが始まって、『アマテラス』のアルバムづくりの時に横澤さんに参加してもらったんです。

森　はい、スタジオで横澤さんに石笛を吹いていただきました。

美内　その石笛の音と音楽とうまく合わせたのが、CDの中の『龍神』ですよね。

森　はい。企画の段階から美内さんに関わっていただいたので、本当に深くいい作品づくりができたと思います。

美内　こちらが言うことを、森さんがすぐに「じゃあ、やりましょう」と理解してくれたから。他の人だったら、「えっ、何ですか、この音?!」ってなったかもしれない(笑)。さすが森さんという感じでしたね。

岩戸開きが必要な今こそ、女神に出ていただきたい

編集者　『アマテラス』のＣＤには祝詞（のりと）を奏上する声も入っているんですよね。

森　私もそれまで個人的に天河神社に通っていたので、企画の段階から天河神社のいろんな自然の音や祝詞の声も入れたいと思っていたんです。その時点では、まだ美内さんと一面識もなかったんですが……。

美内　とてもいいタイミングで企画が持ち上がって、一緒に天河神社に行くことになったんですよね。

編集者　ところが急に録音の機材が動かなくなって、祝詞が始まる夜中の３時33分に御神事が始まるように、なぜか機材が動き出したわけですね。

美内　そう、宮司さんが祝詞を奏上しようとしてドーンと太鼓を叩いた瞬間がちょうどその時刻だったんです。

森　その直前に、民宿でおしゃべりしていた時、美内さんと夜中の3時33分にまつわる話をしていて、３３３は宇宙と繋がる時間だと聞いたばかりだったので、びっくりして……。しかも、その後に金粉が降ってきたんですよね。

美内　金粉が降ってきたのは、宮司さんが祝詞を奏上された後で、特別に奥の院に連れていっていただいた時ですね。

森　普段は入れない場所に入れていただいて……。

美内　その奥の院の中で、私が五十鈴（いすず）を降らせていただいていたら、バーッと上から金粉が降ってきたんです。

森　私はまたびっくりして、頭（こうべ）を垂れたまま、美内さんのほうを見て……。

美内　森さんが驚いたように「金粉が、」と言われたので、「うん、時たまあるよね」と言ったりして（笑）

森　それで、ご神事が終わったら、今度は鶏がコケコッコーと鳴いたんですよね。美内さんが「岩戸開きの瞬間には鶏が鳴いたと言われている。だからそのための時間待ちだったのね」と言われて、そこで私も「あっ、そうだったのか！」と深く納得できたんです。

そんなことがあったので、あれからずっと、世の中の岩戸開きをしなくてはという気持ちはずっと持っていましたが、時が経って、今になってなおさら強まってきたわけです。

編集者　その思いが今回の本の出版にも繫がったそうですが、森さんが「スメラミコト誕生！」というメッセージを聞いたのも美内先生とご一緒の時だったんですよね。

森　そうです。あれは長野県の諏訪大社でしたね。

美内　諏訪大社の前宮に行った時です。その時は確か、前宮、本宮、秋宮の順に参拝したんですよ。

森　私はどのお宮だったかははっきり覚えていないんですが、いつものように目を閉じて世界平和のお祈りをしていたら、「スメラミコト誕生！」というメッセージが降りてきたので、すごくびっくりして、美内さんにすぐ話したんです。

そして、その2年後ぐらいに内親王の愛子さまがお生まれになって……。ニュースを聞いたとき、直感であのメッセージのお子様だと感じましたが、現在の皇室典範を知っていたので、「男のお子さまが、次にお生まれになるのかな？」ともよぎりました……。

でも、テレビで見て、「やっぱり愛子さまのことだ！」と強く感じたので美内さんにそう伝えたら、生まれたばかりの愛子さまが「光っていたわよ！」と言われて……。

美内　そうそう、雅子さまの腕に抱かれておくるみに包まれた愛子さまを見て、すごいオーラが出ていて、びっくりしたんです。特別な輝きを放っていたので、「えっ、何、このお子さんは?!」ととても驚いたのと同時に、「なぜ女のお子さんなんだろう?!」とも思いました。

その後、雅子さまが適応障害になられて、愛子さまもいっとき学校に行けなくなったりといろんなご苦労をされましたが、20歳を迎えられた愛子さまを見ていると本当にすばらしいですよね。

私が思うに、日本が生まれ変わらなければいけないこの時期だからこそ岩戸開きが必要で、何としても女神が出なければいけない時だと思うんです。

森　そうですよね！

美内　となるとやっぱり、次のお世継ぎは愛子さま。そう思います。

昭和天皇の崩御後に見た夢、そして…

美内　実は、森さんと同じように私も昔から不思議な夢をよく見ていて、10歳頃に皇室の夢を見たことがあるんです。

当時はまだテレビが普及していなかったこともあって、皇室の出来事はそれほど知られていなくて、まして子どもである私は知る由もなかったんですが、なぜか夢の中で私は皇居の中にいたんです。

しかも、鳥のように木の枝に止まって皇居の中の様子を見ていると、綺麗な洋服を着た美智子さまが泣いていらっしゃる姿が見えました。「えっ、何で泣いているの？」と不思議な気持ちのまま見ていたんですが、美智子さまの隣ではまだ幼い浩宮さまがハイハイしていました。

まだ10歳くらいだったのでその意味は分かりませんでしたが、あとになってから、皇室の中で美智子さまいじめがあるらしいことを知って、それから皇室に関心を持つようになったんですね。

その頃から、美智子さまの姿をテレビなどで拝見して美しい方だなと思いながらら、皇室ファンの一人として幸せになってくだされればいいなと思っていました。

それから何度か皇室に関する夢を見るようになって、2015年の春ぐらいだったと思いますが、とても印象的な夢を見たんです。

白黒の夢でしたが、たくさん胸に勲章をつけられた昭和天皇が飛行機の中の座席に座っていて、その後ろに皇族の人たちがズラーっと並んで座っているんですね。

「えっ、何だろう?」と思って見ていたら、昭和天皇と皇族を乗せた飛行機がスーッと落下して行って……そこで、ハッと目が覚めたんです。

「これは何? もしかして皇室が将来危機的な状況になるということ?!」と一瞬思ったんですが、私の場合、白黒の夢の時は青写真という意味なので、まだ変えられる可能性がある、でもこのままだと危ないので変えるなら今、という暗示のように感じました。

それと、実際に昭和天皇が崩御されて1カ月も経たない頃にも、不思議な夢を見たんです。私はすごく大きな会議室の扉の隙間から中を見ていて、そこには長いテーブルの手前に白い衣服を着た神々がいて、同じテーブルの末席には昭和天皇が座っていました。

昭和天皇は今まで見たこともないくらい緊張されたお顔をしていて、長いテーブルの向こう側にいる神々に対して、自分がこれまで何を成してきたかについて語っていて、どうやら天皇としての役目をどれだけ果たしたかを神々に報告する評議会のような様子でした。

そんな夢を見たあとで、また不思議な出来事があったんです。

１９８８年に主人と一緒に別荘地を探すことになって、最初は清里辺りを探していたんですが、なかなか見つからずに車であちこち移動していたんですね。

そんなある日、中央高速を走っていると、運転をしていた主人が急に「あっちが気になる」と甲府インターから降りて、「気になる、気になる」という方向に向かって知らない道をどんどん走って行って、着いたところが山の中腹でした。

車から降りたら、眼下にきれいに街が見わたせる場所で、主人が「どうだ、いいだろ、ここにしよう」と言い張って、私は清里がいいなと思っていたのが、結局、甲府のその場所に別荘を建てることに決めました。

そうしたら、元々その山を所有していたのは皇室で、明治になってから払い下げられたということがあとで分かって、不思議なご縁を感じました。

1950年（昭和25年）4月4日に昭和天皇によって初めての全国植樹祭が催された場所で、私たちが購入した土地のすぐそばに天皇皇后両陛下が植えられた場所がありました。

大嘗祭が催される前、突然光の存在が現れて…

美内　昭和天皇はその翌年の1月17日に崩御されたのですが、山梨県が平成2年の大嘗祭（11月22〜23日）に向けてその山の整備を始めるということになって、「何があるんだろう?」と思ったら、大嘗祭の関連行事として1カ月前に次の天皇に即位される明仁さまか代理の浩宮さまがいらっしゃるとのことでした。
地元住民への説明では昭和天皇が植えられた木の枝を切られる行事とのことでしたが、新たに遊歩道をつくるなど山の整備は大々的なものでした。住民にも国旗が配られ、当日は私たちも国旗を手にして明仁さまの代理で来られた浩宮さまを大いに歓迎したものです。

そんなことがあったので、皇室ならではの祭祀の奥深さを身近に感じたのですが、実を言うと、その前に主人にある異変が起きていたんです。

何があったかというと、甲府の別荘が建つまで主人が一人で東京から車で通い詰めていたんですが、ある日、免許証をなくしたので甲府まで行けなくなったと気落ちしていたんです。

でも、しばらくして免許証が出てきたというので、「どこにあったの?」と聞くと、主人が「うーん、それが……」と口ごもって言いにくそうに説明してくれたのですが、彼が応接間で寝転がっていると突然、目の前に白い光がドーンと現れて、「山宮に行って祈りなさい」と言われたというんです。

その瞬間、「えっ、でも免許証がない」と思ったら、光の存在が「免許証はあります。左手を伸ばしてみなさい」と言われたので、主人が自分の左手の先の方向を見てみたら、「どこを探しても無かったはずの免許証が確かにそこにあったんだ」、と。

そんな不思議なことがあったのが大嘗祭の前だったので、大嘗祭が行われる日(11月22日)には二人で皇居の方に向かってお祈りをさせてもらいました。

私も昔から皇室の夢を見たり、主人共々不思議な体験をしたりして皇室に対する思いが強くなっていったわけですが、そんなところが森さんとも共通しているんじゃないかと思います。

森　そんなことがあったんですね。陰ながら祈らせていただくことは、ある意味、私たち国民も微力ながら皇室を霊的にお守りするということにもなるかもしれませんよね。

美内　そうですね。私も大嘗祭が終わるまでの間、祭壇をつくって夜中に鈴をふったりしながら祈りのご神事をさせていただいたんですが、特に新しく天皇が即位されるというのは、どうしても他人事とは思えなかったんですね。

森　日本という国のことを考えたらとても大事なことですからね。

最も大切なことは天皇としての御魂（みたま）を持っているかどうか

美内　さきほど愛子さまが生まれた時にすごいオーラで輝いていたと言いましたが、それは天皇としての御魂（みたま）を持っていらっしゃるからだと思います。

一部の政治家や頭の固い評論家の人たちは、「過去の歴史がそうだから男子じゃないとダメだ」とか言っていますが、それは大間違い！

この世の屁理屈で天皇になっていただくんじゃなくて、そもそも天皇というのは天皇の御魂を持っている方がその位についていただかなきゃいけないわけです。そうでないと国が治まらない。

ですから、天皇の御魂を持っていらっしゃるであろう愛子さまがお世継ぎになっていただくのが最も天の理に叶っていると思います。

森　たとえば、漫画は好きだとしても漫画を描く才能がない人がプロの漫画家にはなれないし、仮に描いたとしても、トップ連載を続けて掲載雑誌の売り上げを伸ばすことはできない。そうすると、その雑誌自体も廃刊になることもあるわけですね。

ですから、漫画が大好きでしかもすごく才能がある、その人に連載をお願いすれば雑誌がどんどん売れてその結果、みんなが喜ぶことができるんです。

そうそう、本当に資質のある人がその役割を果たしてこそ、その人も周囲も幸せになれますよね。

美内　天皇の御魂を持っている方にその位に着いていただかないと、国が滅びてしまうということです。その意味で、愛子さまに立太子していただきたいという森さんとはまったく意見が一致しています。

森　ありがとうございます。私がこれまで体験してきたことは折に触れて美内さんにお話ししてきたので、そう言っていただけるととても心強いです。

ヒメミコの夢を見たあとで卑弥呼についていろいろ調べてみたら、もともと邪馬台国では男性の王がそれぞれの小国を治めていたところ、争いが絶えなかった。そこで、霊的に力のある女性が大王（おおきみ）、つまり女王として卑弥呼が立ったことで争いが治まり、平和がもたらされた、そのことが今の時代ととてもリンクしているように思えるんです。

争いが絶えない時代というのは過去の時代です。そういう、軍が力を持つ時代にはどうしても男性のリーダーが必要になるんでしょうが、日本にも戦争があり、その悲惨さをいやというほど知って平和になって、これからの世の中を平和に導くためには、共生のための祈りを捧げられる女性に立っていただかなくてはいけない。そうすることで、きっと国民の意識もガラッと変わると思うんです。

美内　そう思いますね。人によってそれぞれ祈りの解釈は違うかもしれませんが、私は祈りの「い」は意思の意、「のり」はそれに乗っかる、つまり神さまのお心に同調する思い、心根だと思います。あらゆる生命を生み出し育てている母なる神さまがいらっしゃるならば、今のように世界各地で人々が争っていることをきっと嘆いているでしょう。ですから、天の岩戸を開いて女神に出て来てもらう必要があるわけですが、生まれたばかりの愛子さまのオーラがあれほど光輝いていたのがその証(あかし)です。

誰が何と言おうとも、天皇になるべくして生まれてきたのならば、未来のために天皇になっていただかなければと思います。

つい先日も、ある大物政治家の男性に「愛子さまが天皇にならなくてはおかしい」と言うと、それまで穏やかに話していたその方が急にいきり立ち、「絶対、男性じゃなきゃだめだ。女性が天皇になったら日本が潰れる！」と言って怒り出したんですが、そこのところがまったく分かっていないし、第一、皇統が途絶えてしまったら元も子もないでしょう。

森　和気清麻呂も神意に従ったからこそ皇統が守ることができたのだと思います。

今上陛下も、畏れながら天皇としてのご資質を持っていらっしゃるからこそ、多くの国民は敬愛しているわけです。

今の陛下がすばらしいのは、独身の頃に民間のキャリアウーマンであった雅子さまのことを、それまでのキャリアも認めて心惹かれて、「雅子さんのことは僕が一生全力でお守りしますから」という有名なお言葉で射止められたことも含めて、失礼ながら、とても素敵だなと思います。

今の時代に皇女が誕生したのは、アマテラスの岩戸開きとシンクロしている！

森　2004年に行なわれたヨーロッパご訪問の前の記者会見の席上でも、陛下は「雅子にはこの10年、自分を一生懸命、皇室の環境に適応させようと思いつつ努力してきましたが、そのことで疲れ切ってしまっているように見えます」と労をねぎらったうえで、「雅子のキャリアや、そのことに基づいた雅子の人格を否定するような動きがあったことも事実です」と雅子さまを庇(かば)うようなご発言をされました。

このご発言に対する批判もありましたが、こうした勇気ある言動からも、陛下は人として男性としても、とてもご立派な方であることは誰の目から見ても明らかだと思います。

言行一致で雅子さまを守り続けたからこそ、愛子さまが無事にご誕生になられた。このことはとても重要で、まさに神さまのご意志ではないでしょうか。この混沌とした時代に陛下と皇后雅子さまの間に愛子さまという皇女がお生まれになったのは、アマテラスが天の岩戸から光と共に出られたこととシンクロしているように思います。

ですので、愛子さまに立太子していただくことが国民にとって何より希望に繋がるし、悠仁さまや秋篠宮家にとっても安心に繋がることなのではないでしょうか。

さっきも言いましたように、どんな職業や立場であってもそれなりの資質が大事で、作詞家である私にしても、例えばデザイナーになる資質はないからデザイナーにはなれない、だけど作詞はできるわけです。

その点、愛子さまは他の人が書けないようなすばらしい文章をお書きになれるだけなく、平和に対する意識が本当にお強い。ですから、卑弥呼が立って世に平和が訪れたように、愛子さまが立太子されれば平和のムードが広がるでしょうし、ヨーロッパの王族では次々に同世代の女王が多く生まれているわけですから、ぜひ未来の女性君主の方々と交流して平和を牽引していただきたいですね。

編集者　それを遮ろうとしているのが、いまだに男尊女卑に固執している男性たちなんですね。中には女性もいますが……。

森　残念ですね。新しい時代になっているのに、不思議でたまりません。

美内　だから、いっそのこと世界中のトップが女性に変わればいいんですよ。

森　本当ですね！　実際、政治の分野でも欧米では聡明な女性リーダーたちが増えていますよね。日本だけ遅れていますけど……。

特に日本の天皇陛下は宮中祭祀をなさる最高位の神職なので、あまねく国民のために真摯に祈ることができて、神さまと通じ合える聖なる資質を持った方でなくてはいけないわけですから。形だけじゃダメなんです。

美内　そこのところを、頭の古い政治家たちがはき違えているわけですよね。宮中祭祀というのは単に儀礼的なものではない。国家的な祭祀を遂行できる資質があるかどうか、神意に沿った祈りを無心で続けられる精神力があるかどうか、それが天皇として一番大事なことですからね。

両陛下のもとに皇太子にふさわしい皇女がご誕生された奇跡

森　それには慈愛の精神がないとできないはずです。あくまで一般論ですが、男性の場合、どちらかというと闘争心や支配欲といったエゴの強い人もいて、「自分の国だけよければいい」、「他国はどうなってもいい」という意識の人もいます。

そこからすべての分断や争い、戦争が生まれているわけですが、これからはそうではなくて、分離を超えてみんなが一つになる、そんな開かれた宇宙時代に向かっていかないといけないわけです。

美内　そうそう、昔から陣取り合戦をしてきたのは男の人たちですからね。

森　確かに、日本の戦国時代にしてもそうですよね。多くの命を犠牲にしても戦いをやめず、弱肉強食で自分の領土を広げることばかり考えていた。それが勇ましい戦国武将だったんでしょうけど、実際の戦ってすごく恐ろしいですよ。

今の時代も海外では侵略戦争が起こっていますが、非常に悲惨な状況です。だから、いずれは必ず進化して平和へと進まなくてはならないんです。平和になるためには、分け隔てなくみんなを包み込むような優しく愛に溢れた心を持った人に精神的リーダーになっていただくべきで、その意味でも愛子さまが中学生の時に書かれた作文（注：98ページから掲載）には　そのお心が滲み出ていますね。

美内　確かに、あの愛子さまの作文は各方面の専門家たちからも高く評価されていて、本当に中学生とは思えないくらいすごく意識が高いことが分かりますよね。

森　それに、天皇ご一家や愛子さまは動物に対してもとても愛情深く接しておられます。

飼い主に捨てられた保護犬や保護猫を飼っていらっしゃって、愛子さまは7歳の時に一目で気に入ったワンちゃんに、漢字で「由莉」と名づけられたそうです。その由莉ちゃんは、特別な訓練を受けてセラピー犬になって、定期的に小児病棟を訪れて、病気のために外出できない子どもたちの心を癒すお手伝いをしていたこともあるとか。

今の天皇皇后両陛下のもとに、これだけすばらしい資質をお持ちの内親王が誕生されて、しかもいろんな困難を乗り越えてとても立派に成長されていることは、奇跡のように尊いことであり、国民としても心から感謝すべきことだと思います。

美内　私もそう思いますね。長い歴史を持つ天皇家としての皇統を後世に引き継がれるお子様として、満を持してお生まれになったのが愛子さまである、と。

中には批判的な立場の人たちもいますが、日本国民の8割以上が女性天皇に賛成していることからも、政権次第では皇室典範を改正して国民総意によって愛子さまが天皇になられることは大いにあり得るし、何よりも神さまがそれを望んでいると思います。

森　そう、神さまも望んでいるし、多くの国民もそれを望んでいる。反対しているのは女性差別的な意識を持った男性や一部の時代遅れの価値観の人たちだけですが、少なくともその主張は、皇室の弥栄（いやさか）や、多くの人々の幸せのためではないなと感じます。

皇祖は女性の神様であり、皇位継承を男系に限定したのは唐の模倣

美内　先日、男系男子にこだわっているある宮司さんが、万世一系のＤＮＡが云々と

言っていたんですが、神武天皇以降すべての天皇の血筋がまったく途絶えてないという証拠はどこにもないし、万世一系という考え方は明治時代以降に出てきたものです。

第一、天皇家の祖先はアマテラスですから、その宮司さんに「そもそも女性の神さまからスタートしているのですから、男系男子にこだわる理由なんてどこにもないんじゃないですか」と言ったら、絶句していました（笑）

中にはアマテラスは男神だったという説もありますが、それならばその証拠をちゃんと出したうえで、これまでの神話をすべて書き換える必要があるわけで、それができなければ国民は納得できないでしょう。

森　皇位継承が男系に限るというのは明治時代からですし、そもそも古代の日本は双系で、男系に固執したのは中国の模倣だったとも言われていますしね。『女系天皇─天皇系譜の源流』（朝日新書）の著者で大東文化大学名誉教授の工藤隆氏なども、「当時、隆盛を誇っていた中国大陸の唐を手本に国家体制を整える中で、皇位継承についても唐を模倣して、男系に限定されたと考えられます」と述べられています。

そもそも男系男子に限ると言っている人たちは、日本古来の伝統にこだわっているはずなのに、中国の模倣を続けたいんだとすれば矛盾しています。しかもこれから生まれてくる人たちのことを考えれば、もっと未来志向で考えなくてはいけないんじゃないでしょうか。

美内　おっしゃる通り、本当にそう思います。

森　これはサーキュラー（編集部注：シリウス存在の名前）も語っていたことですが、特に今は、対立を生み出すエゴを超えて、人類が愛と調和の方向に進化していけるかどうかの分岐点で大切な時ですので、卑弥呼の時代やアマテラスの時代のような天の岩戸開きが必要で、だからこそ慈愛を持つ聡明な女性皇太子がぜひ出ていただきたいと思うんです。

美内　私はこれまで取材やご神業で全国各地を巡ってきたんですが、実は卑弥呼のような女性シャーマンはいろいろなところにいたようです。そのシャーマンたちは神の声を聞きながら祭祀を行い、呪術的な力によって大首長として地方の国々を治めていて、民からも尊敬されていたのが、それを武力で支配していったのがヤマト族だったようです。

つまり、あとから日本列島にやってきたヤマト族（天孫族）が、各地の大シャーマンたちを殺したり、力づくで支配下に置きながら大和朝廷という統一国家をつくっていったわけですが、その大シャーマン、大巫女の一人が卑弥呼だったということだと思います。

福岡県には千人の侍女を従えていた卑弥呼ではないかと思われている女性シャーマンがいて、名前は津媛八女(姫)と言われていたようで、八女市の八女津媛神社に祀られています。

卑弥呼イコール八重津媛説は作家の黒岩重吾氏が提唱していて、私も八女津媛神社を訪ねたんですが、すごく神秘的な気が漂っていて、ここを中心に大シャーマンによる古代王朝が築かれていたんだろうという感じがしました。

『日本書紀』には、12代目の天皇である景行天皇が八女の県に巡行された時に、「東の山々は幾重にも重なってまことに美しい。あの山に誰か住んでいるか」とお供に尋ねたところ、水沼の県主猿大海が「山中に女神あり、その名を八女津媛という、常に山中にいる」と答えたことから八女の地名が起ったと記されています。

大和朝廷もこの地だけは無視することができなかったようで、景行天皇は、実際に八女津媛に会いに行っていて、貢物までしています。

女性シャーマンたちの力を怖れたヤマト王権

美内　ところが、八女津媛以外の同じような女性首長の国は、ヤマト王権によってことごとく滅ぼされていて、紀伊（現在の和歌山）の女性首長などは神武東征の際に殺されたとの伝承も残っているんです。

『日本書紀』によると、神武軍は地元の女性首長である名草戸畔（なぐさとべ）の軍勢と死闘をくり広げ、名草戸畔は高倉山で戦死し、その後、頭、腹、足の三つに切り裂かれ、3つの場所に葬られたそうです。

葬られた場所は、今の宇賀部神社（頭）、杉尾神社（腹）、千種神社（足）であるとされていて、地元では「おこべ（頭）さん」「おはら（腹）さん」「あし（足）がみさん」と呼ばれていて、ルバング島から生還して有名になった亡き小野田寛郎（ひろお）さんのご実家は、代々宇賀部神社の宮司職を務められていらっしゃいます。

この紀伊の出来事は、『名草戸畔（なぐさとべ）─古代紀国の女王伝説』（有限会社スタジオ・エム・オー・ジー）という本を書かれたなかひらまいさんという方が私に教えてくださったんですが、こんな悲惨な話はあちこちにあって、要するに古代ヤマト王権

（大王）が各地の巫女、神々の声を降ろす女性シャーマンたちの力を怖れて、力づくで封印してきたともいえるわけです。

編集者　古代において、女性の力を怖れた男の王たちが全国で巫女狩りをして権力を手にした時代があった。だからこそ、今、それを反転させるために神意に叶う大巫女、女性天皇が求められているわけですね。

森　今こそ、その時が来ているともいえますね。ところが政府の有識者会議では、「皇位継承については悠仁親王殿下までの流れを前提にすべき」としたままで、皇室典範を改正する気配はないんですよね。

最近、有識者会議に招かれたある女性の方も、皇室が危機に瀕しているのに「悠仁さまという立派な皇位継承者がいるわけですから、女性天皇や女系天皇の問題について今、急いで決める必要はないのでは」と述べているくらいですから。

美内　そもそも、政府の意見に反対するような人は有識者会議には呼ばれませんからね。たぶん、今の政府としては、あくまで男子に限るという結論ありきなんでしょう。

編集者　政党もそれぞれ主張が違うようですが、主義主張を越えて何が最も大切なのか、皇室の弥栄（いやさか）を考えれば答えはおのずと出てきて、それしかないと分かるはずです。なのに、なぜ動かないのかと思いますね。

未来志向で大所高所から考えよう

美内　残念ながら、今のままではどんなに優れた政治家が現れて頑張っても、裏でなんとかして足を引っ張ろうという人たちがいて、女性天皇を認める平和志向の政治家が評価されることがないですね。このままでは、希望ある未来は開けないかもしれません。

森　結局、政治家の多くが自分たちの保身で動いていて、国民のためを考えていないということですよね。本来なら政治家を目指す人は、国民の幸せや平和な社会をつくるために奉仕精神で臨まなくてはいけないのに、ただ選挙に勝つための票集めで動いている人が多いように感じます。未来志向で国民のために働いてくれる方が現れれば、私たちももっと支持できるんですけど……。

美内　そうですね。国会議員になれば、政党助成金や個人献金がもらえるのでお金に困らないし、それを目当てに新党が結成されることが多いとも言われていて、結局、国民のことよりも、権力やお金目当ての政治家が多い……。

その証拠に、政治とお金の問題はいまだに続いていて、森友学園を巡る公文書改ざん問題にしても、自殺者まで出しているのにいまだに誰も責任を取っていません。

でも、これは政治家を選んでいる国民の側の問題でもあるわけです。良識ある国民がもっと声を上げていかないといけない。

編集者 確かに公文書改ざん問題では、自殺した赤木さんの奥さんが第三者委員会による再調査を訴え、それに賛同する意見がネットを通じて数十万も集まったようですね。その直後に起きた、政権が検察の人事に介入しようとした検察庁法改正問題では、著名な芸能人たちがSNSを通じて政府批判を行なったこともあって、結局、検察庁法改正案は取り下げられましたが……。

美内 日本のマスコミにも問題があって、その証拠に、国境なき記者団による報道の自由度ランキングでは、日本の報道の自由度はとても低いですね。

評価の基準はメディアの独立性や透明性などですが、各国のジャーナリストたちへのアンケート結果に基づいて行なわれた２０２１年の調査では、世界１８０の国と地域のうち、日本はなんと67位です。

権力におもねるような報道もありますし、私たちもさまざまな情報を鵜呑みにしないで、よく吟味した方がいいですね。

森　皇位継承の問題についても、政治的な立場から発言をする人たちではなくて、差別意識のない意識の高い専門家の方々の意見も聞いて、ぜひ大所高所から自分の考えを持つ必要がありますよね。

眞子さんが結婚したこともあって、国民の間では「愛子天皇待望論」が起きているのに、今の政府の動きはその国民の声を無視するかのように現行制度のままで進む感じで、そうなれば皇位は秋篠宮家に移ることになります。

でも何度も言うようですが、私はこれまでの一連の不思議な体験から、天皇・皇后両陛下の長女でいらっしゃる愛子さまが立太子されて、将来の女性天皇に決まることから流れが変わり、日本の平和が維持され世界的にも日本が信頼される方向に行くと思っています。同じような考えの方が一人でも増えていっていただきたいと願っているのです。

宇宙から見たら地球は小さな一つの星であって、人類がみんな一つの家族だと思えるような時代へと、いずれは進化していかないといけないわけですから。

美内 戦前の日本をふり返ったら分かるように、人権や平和主義とはだいたい逆の危うい方向に行くのが男性原理の悪い面ですよね。だから、この際、女性蔑視の頭の固い男性陣は全員交代していただくしかない。

森 本当にそうですよね。

今こそ日本の政治は大きく変わらなければいけない

美内 それで思い出したんですが、トランプ大統領の就任や新型コロナのパンデミックなどの予言を的中させてきたという、クレイグ・ハミルトン・パーカーというイギリスの予言者が数年前から話題になっているんです。

その人の予言によると、中国とアメリカ、西側諸国、インドとの対立が激化して中国が台湾を軍事攻撃する、そして日本は平和憲法を捨てて核保有国になり、米国のミサイル防衛システムを導入するだろうとのことです。

森　ロシアがウクライナに侵攻するという予言も当たっていたので、日本が戦争に巻き込まれなければいいなと思っているんですが、今の状況を見ているとむしろその可能性は高まっているような気がします。

だとしたら、そうならないためにも、今こそ日本の政治が大きく変わらないといけないんじゃないかと思いますね。

森　私もそう思います。皇室のあり方にしても、昭和天皇は側室制度を廃止され、上皇さまと美智子さまは親子別居を廃して「ナルちゃん憲法」と呼ばれる育児法を今上陛下に施されました。

そして、今上陛下は理想的な夫婦の在りようを示されるなど、それぞれに変えるべきところを変えて来られたわけですが、そのように皇室のあり方も今の時代にあったものに変えていくべきだ、と。

編集者　皇室も国民の側もこれまでの悪しき男性原理を克服して、もっと女性原理的な平和主義を広げていくことが大事だということですね。

森　そう言えば、つい最近、和気清麻呂が祀られている宇佐神宮の大尾神社に参拝に行ってきたんですが、本殿でお祈りしていたら「勅」という文字がパッと目の前に大きく浮かんだのです。

あとでその漢字は天皇のお言葉を意味する「みことのり」と読むことが分かって、私自身はとてもポジティブに捉えました。それに、神様はもちろんのこと、皇室の方々の多くも声には出せなくとも、心の中では女性天皇を望んでいらっしゃるのではないでしょうか。

編集者　大尾神社はまさに清麻呂公が称徳天皇の勅使として八幡神のご神託を受けた場所ですからね。だとしたら、女性天皇は神さまのご意志であるとも解釈できますね。

美内　天河神社の宮司さんも1985年の時点で、「これからは女性の時代になる」とおしゃっていましたし、平和な社会が永く続いていた縄文のような時代に戻るとも言われていて、実際にスピリチュアルな人たちの間では縄文ブームが起きていますよね。

そういう意味でも、ぜひ愛子さまに皇太子になっていただいて流れが良い方向に行けば、いずれはまた縄文のような平和な時代が訪れるのも決して夢じゃない。

森　本当ですね。愛子さまはそのためにお生まれになった方だと思うので……。なので、今こそ天の岩戸を開いて出ていただく、そのために私たち国民もいろんな形で発信したり、具体的に行動を起こしていかないといけないですね。

現代巫女たちのネットワークで、日本再生と女性天皇への後押しを！

美内　今、本当に、精神の岩戸開きが求められていると思いますね。魂の世界があって、その中で私たちが生かされているということに気づく、そうしないと世の中が変わっていかないわけですから。

一人でも多くの人がそれを自覚すれば、絶対戦争なんてしなくなるはずで、『アマテラス』を描いたのもそこに早く気づいてほしかったからです。

森　美内さんは漫画を通してそれを発信されているので、とても影響力が大きいと思います。

美内　森さんも作詞家として人々に感動を与えるような音楽を届けているわけですよね。

ですから、ぜひ一人でも多くの方に、今、何が本当に大切なことなのかということに気づいていただきたいし、気づいた人が増えれば増えるほど必ず世の中がいい方向に変わっていくはずです。

編集者　愛と調和の「女神の時代」を再び！ですね。美内先生は、本業以外にお仲間とのご神業やスピリチュアルな活動をされてらっしゃいますが、最後に今後の展望をお聞かせいただけますか。

美内　これまで全国各地の聖地を訪ねましたが、そんな中で各地で活躍されているスピリチュアルリーダーの方々とも繋がりができていきました。

その多くは女性ですが、皆さんとても謙虚で温かく、同じ仲間意識を持って地道な活動をされているので、その方たちとネットワークをつくって全国の聖地をみんなで守りながら、復活した全国の神々を一同にお祀りできる場所もつくりたいと思っています。

神社や聖地、ご神域は宗教や政治に関係なく、地球が内側からエネルギーを発している場所です。私もほとんどの全国の一宮に行きましたが、それ以外にも足を運ぶと全身で聖なる気配を感じられるたくさんの場所があって、そこには小さな祠がぽつんとあるだけだったり、本殿とは別に木や石があるだけの素朴な場所も多いんですね。

このことは、１９８７年の2月に「これまで権勢を誇っていた神々が眠りに入るので挨拶をして参れ」というメッセージをもらっていて、それで実際にあちこち回ってみて分かったことです。

そして、今まで浮上していなかったけれど、遠い昔に活躍されていた神々に、再び平和な世の中に戻すために出ていただくためのご神業をされている女性たちが各地にたくさんいる。ですから、その全国の聖地・神々を復興させるネットワークをつくりたいと思っているんです。

せっかくご神域があっても、そこをちゃんと祀る人がいないと困るので、みんなで協力しあってそのようなご神域をお守りしていくことが大事で、だから各地のスピリチュアルリーダーたちと聖地のネットワークを築いていこうと。

森　それはすばらしいですね。

編集者　まさに、日本再生に向けての神々の復活と現代巫女たちのネットワークですね。それができればきっと女性天皇への後押しにもなる……。

美内　そうなんです。そして、ぜひ愛子さまに立太子していただきたいと思っています。

森　美内さんと繋がっているネットワークの女性の皆さんや、愛子さまを応援している心ある男性の方たちも一緒に、ヒメミコである愛子さまを応援して天の岩戸を開くお手伝いができれば、日本も地球も進化の方向に必ずや向かうと思います。

今後ともぜひよろしくお願いいたします！

おわりに

評論家でも歴史学者でもない私が、このような皇統に関わるテーマの本を出すのは、お門違いであるという意見を持たれる方もいるかもしれない。

しかし本文で述べたとおり、27年間の間に私の身に起こったいくつもの説明のつかない出来事が一本の線で繋がった時、見えない力に背中を押され、このことを皆さまにお伝えしなければという思いに駆られた。

その見えない力とは、きっと神々であり、時空を超えた存在であり、そして私自身の過去生、和気清麻呂であろうと思う。

また、このテーマに共感、賛同してくれたさまざまな方々の声も私に力を与えてくれた。

愛子さまが立太子されたら、とりわけ若い女性たちの憧れの的となり、少なからず経済効果もあるだろう。そしてさまざまな面で落ち込んでしまっている日本全体の再生と、新生日本に対する世界的な信頼にも繋がるに違いない。

そのために今必要なのは、新時代のアマテラスに登場していただくための神楽(かぐら)であるが、それは、みんなで平和を願いながら手を取り合って女神を呼ぶ一人ひとりの声である。今こそ、その声をあげていくことが大切であり、微力ながらこの本もその声の一つになればと願っている。

このことは、お忙しい中、快く対談に応じてくださった漫画家の美内すずえさんもまったく同じお考えであり、私としても大きな勇気をいただいた。この場をお借りして、改めて美内先生に厚く御礼を申し上げます。

また、本書の主旨を理解してくださり、出版の労を取ってくださったナチュラルスピリットの今井博樹社長に深く感謝申し上げます。

また編集者として最後まで辛抱強くきめ細かく力になってくださった磯貝いさおさん、ナチュラルスピリットの担当者としてサポートしてくださった田中智絵さん、この本の企画を考えた時に最初に相談に乗っていただいた著述家の小笠原英晃さん、協力してくれたヒプノセラピストのさくまさちこさんにも心より御礼を申し上げます。

そして、本書の内容に賛同し、常に私を応援し支えてくれている夫、FrankieT．にも改めて深い感謝を伝えたいと思います。

この本に込めた祈りと皆さまの祈りがハーモニーを奏で、未来へ届きますように。

森 由里子

令和5年6月吉日

■著者プロフィール

森 由里子（もりゆりこ）

作詞家。東京都出身。フェリス女学院大学国文科卒業。

86年、TVアニメ「ドラゴンボール」主題歌「魔訶不思議アドベンチャー！」で本格的な作詞家活動を開始。

88年、中森明菜「TATTOO」がメガロポリス歌謡祭ポップス大賞、全日本有線放送大賞、読売テレビ最優秀賞、日本レコード大賞金賞受賞。

以後、多数のアイドル、安室奈美恵、郷ひろみ、ももいろクローバーZ、つばきファクトリー（2021）、夏川りみ（2022）などのポップスや、世界規模の人気アニメ主題歌を数多く担当。「ドラゴンボール」のほか「機動警察パトレイバー」「テニスの王子様」「犬夜叉」「聖闘士星矢Ω」「聖闘士星矢セインティア翔」「ドラゴンボール改」「世界名作劇場 こんにちはアン」「ジュエルペット」「ジュエルペット てぃんくる」「アイドルマスターシンデレラガールズ」1期、2期、「りゅうおうのおしごと！」「デジモンアドベンチャー：」ほか多数。

また、ゲーム＆メディアミックス「アイドルマスター」シリーズの作品を草創期から提供、「アンジェリーク」「アンジェリーク ルミナライズ」シリーズは全曲（約200曲）、ほか「ウマ娘 プリティーダービー」など、多くのゲームソングや、人気声優アーティスト、舞台演劇楽曲、ゆるキャラテーマソング、CMソング、福岡ソフトバンクホークス公式球団歌「いざゆけ若鷹軍団」（補作詞）、NHKこどものうた、幼児番組ソング、教材用合唱曲まで幅広い分野で活躍。

現在までのリリース楽曲は約1300曲を数える。

加えて、宇宙語を歌詞に採り入れた宇宙的・幻想的な音楽集団SEIRIOS（セイリオス）の運営＆プロデューサーの一人として活動、ユニットのテーマである地球の平和を祈る「碧の方舟」はTV東京系全国ネット番組「開運！なんでも鑑定団」エンディングテーマになった。

既刊本として『シリウス存在【サーキュラー】からのコンタクト』（ヒカルランド）がある。

森由里子オフィシャルブログ「ユリコの森」 https://ameblo.jp/luke2016/
森由里子ツイッター https://twitter.com/Yuriko_m
セイリオス公式サイト https://www.seiriosproject.com/

新時代のアマテラス
愛子天皇の未来へ

●

2023年7月21日　初版発行

著者／森由里子

装幀／福田和雄（FUKUDA DESIGN）
編集／磯貝いさお
DTP／株式会社エヌ・オフィス

発行者／今井博揮
発行所／株式会社 ナチュラルスピリット
〒101-0051 東京都千代田区神田神保町3-2 高橋ビル2階
TEL 03-6450-5938　FAX 03-6450-5978
info@naturalspirit.co.jp
https://www.naturalspirit.co.jp/

印刷所／創栄図書印刷株式会社

ISBN978-4-86451-445-3 C0095